EN EL DEVENIR DE LOS TIEMPOS, LAS TRADICIONES METAFÍSICAS SE HAN TRADUCIDO EN ARTE SACRO Y VISIONARIO. LA BIBLIOTECA DE ESOTERISMO EXPLORA EL LENGUAJE SIMBÓLICO DE NUESTRAS VIVENCIAS UNIVERSALES MÁS APASIONANTES, LAS HISTORIAS QUE NARRAMOS A TRAVÉS DE LA PINTURA Y LA TINTA, EL LIENZO Y EL BARRO.

LA BIBLIOTECA
DE
ESOTERISMO

LUGARES SAGRADOS

PRÓLOGO
Lita Albuquerque

DISEÑO
Thunderwing

EDICIÓN
Jessica Hundley

TASCHEN

LUGARES SAGRADOS

Prólogo de
LITA ALBUQUERQUE

CARTOGRAFÍA TERRESTRE

Así como nos sentimos impulsados a correr tras un objeto agradable que se nos va, así también nos gusta mirar el azul, no porque «salte a la vista», sino al contrario, porque la arrastra tras de sí.

— JOHANN WOLFGANG VON GOETHE, escritor y poeta, de *Teoría de los colores*, 1810 (esp. 1999)

Cuando los humanos pisaron la Luna por primera vez, yo tenía veintidós años. Nunca habíamos visto la Tierra desde el espacio. La primera fotografía de nuestro planeta fue un hito para mi generación. Empecé a soñar con cartografiar las estrellas, aquí en la Tierra. Como artista, me propuse que mi obra girase en torno a la relación de la tierra y el cielo. Emprendí proyectos al aire libre que consistían en colocar objetos en el suelo con relación a la línea del horizonte, las montañas o la luna, y las estrellas. La geografía, la ubicación y el suelo se convirtieron en una parte esencial de la conceptualización de mis proyectos. Con mi obra pretendo justamente anclar un lugar y un momento determinados en el tiempo. La ubicación de la obra no solo es importante para el anclaje, sino también para su estética. El lugar donde se coloca una obra es una parte fundamental que revela la interrelación (y la interdependencia) del espectador con el entorno. Siempre estamos completamente conectados con lo que nos rodea.

Al inicio de mi carrera decidí reivindicar la relación entre la tierra y el cielo. Elegí el azul de ultramar para unirlos por la intensidad del color; tenía cierta vibración. Me crie en Túnez, en el norte de África, una de cuyas señas de identidad son las puertas y ventanas ultramar de las casas encaladas. Ese azul en contraste con el blanco dejó huella en mí. A mediados de la década de 1970, empecé a trabajar con el paisaje, y todas mis obras eran de este azul, que, para mí, era una manera de unir la tierra y el cielo.

Mi máxima preocupación siempre ha sido ser consciente de la posición del planeta y del cuerpo, en el espacio-tiempo. A principios de la década de 2000, empecé a crear un personaje en mis obras, una «astronauta del siglo XXV». Es un símbolo, un referente actual para nosotros y una guía de donde debemos estar. Representa la conciencia interestelar. Estamos relacionados con las estrellas, conectados a ellas. Hablar con fluidez el idioma entre la tierra y el cielo, entre el cuerpo y el espacio, es comprender dicha conexión y el modo en que esta abre el cuerpo a lo sublime.

— Lita Albuquerque, artista y estudiosa
Los Ángeles, 2024

(frontispicio) William Henry Matthews · *Mazes and Labyrinths* · Estados Unidos · 1922 Uno de los numerosos documentos fotográficos del libro *Mazes and Labyrinths: A General Account of Their History and Development* de Henry, de 1922, que explora el origen de los antiguos yacimientos y laberintos de todo el mundo.

Lita Albuquerque · *NAJMA Returns* · Estados Unidos 2021 De un fotograma de un filme creado con la colaboración de Lita Albuquerque, Hesham Alsaifi y Nicole McDonald, NAJMA es una continuación de los proyectos de Albuquerque en uno de los grandes desiertos del mundo. Para la artista, los desiertos son lugares para escuchar y conectar con la rica historia de las tradiciones celestiales.

Prefacio de
JESSICA HUNDLEY

UN ESTADO SAGRADO

¿Qué es sagrado? ¿De qué está hecho el espíritu? ¿Para qué vale la pena vivir? ¿Y para qué vale la pena morir? Solo existe una respuesta: el amor.

— De la película *Don Juan DeMarco*, 1995

Cuando nos juntamos, encendemos nuestros espacios con el alma, rodeamos la hoguera, nos postramos ante el altar del bosque y damos gracias en el templo a las divinidades que hemos elegido. Cuando peregrinamos, esculpimos caminos indelebles y, contemplativos, nos abrimos paso por los continentes, generaciones de pasos que huellan una y otra vez suelos sagrados. Y, con nuestras ofrendas creativas, imaginamos mundos nuevos, odas salvajemente imaginativas a lo que consideramos sagrado: templos dorados tallados en la roca, espirales gigantescas esculpidas en la arena y la tierra, y silenciosos santuarios ocultos entre arboledas. Pintamos las antiguas paredes de las cuevas, tallamos petroglifos para indicar el camino y ponemos rosas en señal de veneración en el altar iluminado con velas.

Poco a poco, piedra a piedra, construimos monumentos a nuestros dioses, una geometría cósmica encerrada en nuestra arquitectura sagrada de la devoción. Estos motivos ocultos se encuentran en las misteriosas pirámides imponentes de todo el mundo y en una asombrosa diversidad de culturas, en los santuarios de mármol construidos para albergar las diosas griegas y romanas, y también en los monasterios de montaña azotados por el viento de la antigua Asia y en las viviendas indígenas excavadas en la roca del sudoeste de Estados Unidos. La naturaleza, el arte y la belleza son los elementos comunes que encontramos, tanto en los lugares sacralizados por nuestros antepasados como en la multitud de entornos donde tratamos de conectar con la esencia y con nosotros mismos.

Siguiendo una ruta sagrada desde escarpados templos de piedra hasta obras excepcionales de la arquitectura moderna, este libro de nuestra serie conmemora la historia colectiva de espacios que la devoción humana ha sacralizado. Exploramos la historia del arte y la arquitectura sagradas, poniendo de relieve la multitud de maneras en las que infundimos un significado profundo e imperecedero a nuestros entornos. Desde nuestra temprana designación de la naturaleza y el cuerpo como templo hasta nuestro acercamiento futurista a mundos imaginarios, como humanos y como indagadores, seguimos recorriendo los vastos y místicos paisajes del mito, la religión y la imaginación.

– Jessica Hundley, editora de la serie
Los Ángeles, 2024

John Varley · ***La música de Gounod*** · **Inglaterra 1901** Procedente del libro radical *Formas del pensamiento*, del dúo teosófico formado por Annie Besant y Charles Leadbeater. Trata sobre la manifestación de nuestros pensamientos como ondas áuricas, que resultan visibles para quienes tienen las habilidades físicas para verlos. La ilustración representa la música del compositor Charles Gounod saliendo de una catedral en forma de fenómenos de colores.

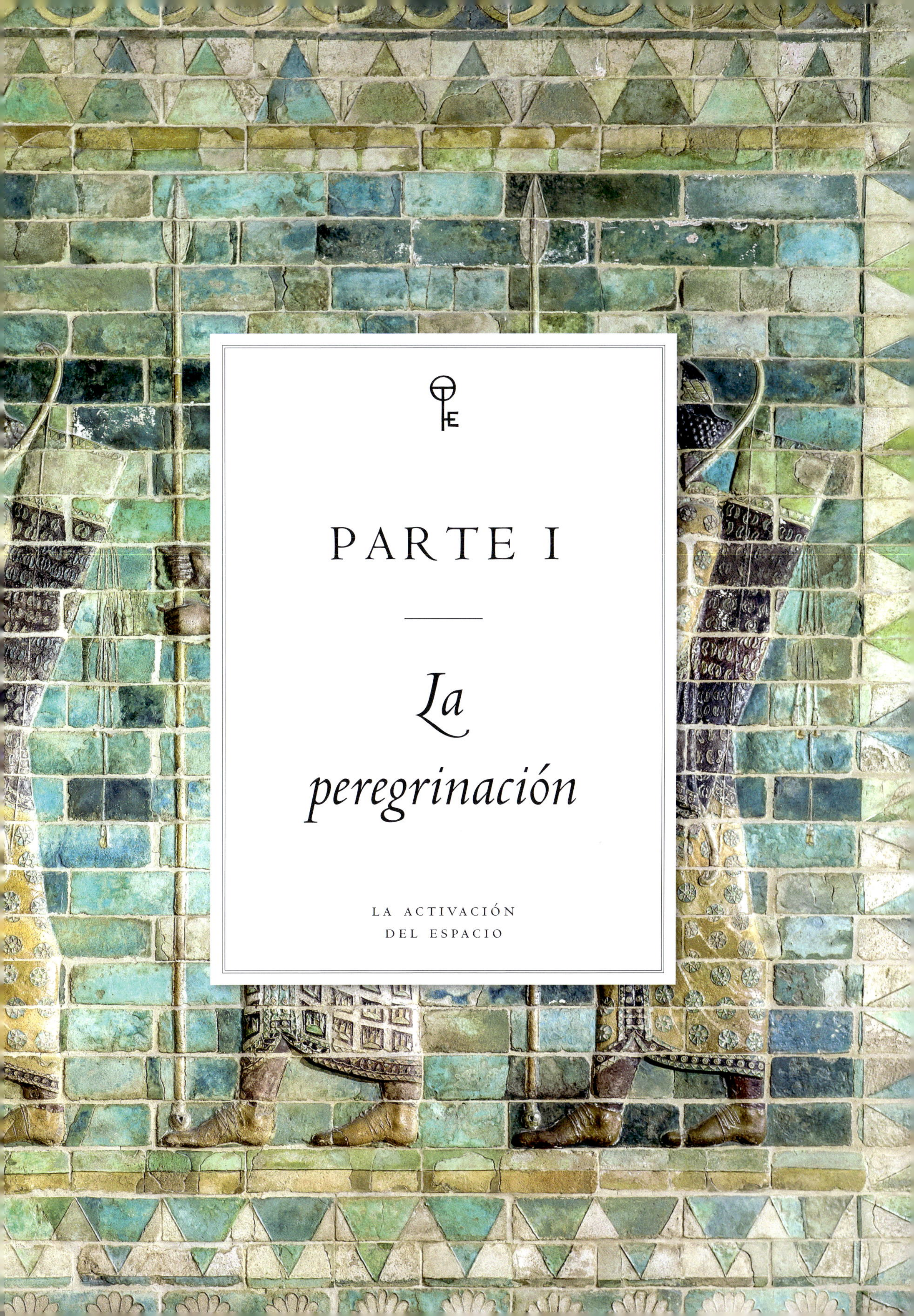

PARTE I

La peregrinación

LA ACTIVACIÓN
DEL ESPACIO

EMPIEZA EL VIAJE

Breve historia de pueblos y lugares

Un culto común y un lugar de culto común parecen ser una necesidad humana.

— MAHATMA GANDHI, abogado, activista y pacifista, extracto de sus escritos, 1925

Veneramos primero en el altar del vientre materno, saliendo al mundo a través del portal de lo femenino y evolucionando a través de la crianza de nuestra Gran Madre, la tierra. Los primeros humanos crearon espacios sagrados en las catedrales tiznadas de humo de las cuevas y cavernas donde hallaron cobijo y en el verdor de los huertos de árboles frutales y la vastedad de las arenas del desierto.

Descubrieron lo divino en el seno de la naturaleza, en el movimiento de las estrellas de arriba y de sus propios cuerpos de abajo, con los brazos levantados en señal de alabanza y los pies siguiendo los pasos de antiguas danzas. Los primeros templos se construyeron con piedras primordiales esculpidas, los primeros sacramentos se impartieron dentro del círculo de cuerpos congregados alrededor de una hoguera. Los propios elementos eran nuestros dioses y diosas: la tierra fértil, los cielos tempestuosos, la corriente de ríos y mares, y las llamas que nos calentaban la piel.

A lo largo de la historia de la humanidad, los lugares sagrados han tenido un significado y una importancia fundamentales para distintas culturas de todo el mundo. Estos espacios, donde resuenan ecos espirituales, culturales e históricos, funcionan como puntos de conexión entre lo humano y lo divino, el mundo natural y el cosmos. Encierran una relevancia formidable, al ejercer de manifestaciones físicas de creencias espirituales y valores culturales. De los antiguos templos y cementerios a los caminos que recorren los devotos peregrinos, los lugares sagrados han sido esenciales para conformar las creencias, las prácticas y las identidades de diferentes civilizaciones.

Esta última es una de las razones clave por las que los lugares sagrados siguen siendo tan importantes, puesto que sirven de acervos imperecederos del patrimonio cultural y la historia. Muchos espacios sagrados de todo el mundo se han declarado Patrimonio de la Humanidad por la UNESCO debido a su relevancia para transmitir el patrimonio común mundial. Suelen albergar monumentos y objetos que proporcionan valiosos conocimientos de las creencias y los rituales de las antiguas civilizaciones. Por ejemplo, las

(anterior) Autor desconocido · *Friso de los arqueros de Susa* · Irán · Siglo VI a. C. Hecho con ladrillos de arcilla silicatada, el panel de la procesión de guerreros con arcos es del bellísimo palacio de Darío el Grande, del antiguo periodo aqueménida iraní.

Myriam Wares · *A Quiet Stroll in Time* · Canadá 2021-2022 Mitad de un díptico de estilo surrealista creado por Wares en el que la ilustradora autodidacta invita al espectador a contemplar el paso del tiempo en el interior de un gran laberinto.

pirámides de Guiza de Egipto, el monumento Stonehenge de Inglaterra y la ciudad de Machu Picchu de Perú son lugares sagrados que se consideran símbolos icónicos del ingenio humano y la espiritualidad.

Situado en Wiltshire, Inglaterra, Stonehenge tal vez sea uno de los monumentos prehistóricos más icónicos del mundo. Construido hacia 2500 a. C., este conjunto neolítico está formado por grandes bloques de piedra verticales dispuestos en círculo. Aunque su finalidad sigue siendo objeto de debate, se cree que tenía un significado religioso o ceremonial. Las piedras, algunas de hasta 25 toneladas, se excavaron y se transportaron desde una distancia considerable, lo que revela el inmenso esfuerzo que supuso su construcción. La correspondencia de las piedras con eventos astronómicos, como el solsticio de verano, sugiere que Stonehenge servía de observatorio y lugar de culto celestial. Otro yacimiento importante es Newgrange, en Irlanda. Este pasaje funerario se construyó hacia 3200 a. C., por lo que es más antiguo que Stonehenge y las grandes pirámides de Egipto. La cámara principal de la tumba está alineada con el amanecer del solsticio de invierno. Para construir Newgrange, se precisaron técnicas de ingeniería avanzadas y profundos conocimientos de astronomía. Las elaboradas tallas de piedra del interior de la tumba representan espirales, círculos y otros símbolos, lo que sugiere un complejo sistema

Autor desconocido · La estela del sueño · Egipto Hacia 1400 a. C. La estela tallada en granito erigida entre las garras de la Gran Esfinge conmemora la visión onírica del príncipe Tutmosis IV. El posterior gobierno de Tutmosis cambiaría el curso de la historia egipcia.

Autor desconocido · *Pirámides de Keops, Kefrén y Micerinos* · Siglo XIX Acuarela de las pirámides, construidas para albergar el *ka*, el alma de los faraones después de la muerte. Representa un paisaje verdeante a lo largo de un brazo del Nilo que antiguamente discurría cerca del valle sagrado de Guiza.

de creencias. La alineación del yacimiento con eventos astronómicos y su intrincado trabajo artístico demuestran una profunda conexión entre los pueblos prehistóricos y los ciclos de la naturaleza. Göbekli Tepe, en el sudeste de Turquía, data de 9600 a. C. aproximadamente, por lo que se construyó milenios antes que Stonehenge. El yacimiento consiste en enormes columnas de piedra dispuestas en estructuras circulares con intrincadas tallas de animales y símbolos. Al igual que Stonehenge, se cree que tenía una finalidad religiosa o ceremonial. Su antigüedad sugiere que las sociedades prehistóricas eran capaces de organizar actividades colectivas a gran escala para construir estructuras monumentales como esta, en contradicción con las suposiciones sobre nuestros antepasados cazadores-recolectores. También en Inglaterra se encuentra la ciudad de Glastonbury, de gran relevancia histórica y mística. Considerada el lugar de origen de la isla legendaria de Ávalon, donde recibió sepultura el rey Arturo, la ciudad también alberga la abadía de Glastonbury, un destacado monasterio medieval. La región se cree que era un núcleo de culto pagano antes de la llegada del cristianismo y hoy sigue siendo un destino popular para los inquiridores espirituales.

En el antiguo Egipto, con su profunda conexión con el plano espiritual, se encuentran algunos de los lugares sagrados más importantes del mundo. Uno de los más conocidos y perdurables es la Gran Pirámide de Guiza, una maravilla arquitectónica que ha fascinado y desconcertado a expertos, arqueólogos y visitantes durante siglos. Construida durante la Cuarta Dinastía del Imperio Antiguo, hacia 2580-2560 a. C., es la más grande y conocida de las tres pirámides de Guiza y fue la tumba

Autor desconocido · Machu Picchu · Perú · Siglo XV Las ruinas palaciegas incas dominan con majestuosidad el valle sagrado. La ciudad, con un significado espiritual, está construida sobre una falla geológica en forma de X con una técnica impecable y misteriosa.

Leo Lesser Ury · ***Moisés (acercándose al monte Sinaí)*** **Alemania · 1905-1907** Moisés sube el monte Sinaí para conversar con Dios, que bajó en forma de nube de fuego devorador para entregarle los Diez Mandamientos. Ury interpreta el viaje de Moisés con su técnica impresionista única.

del faraón Keops. El tamaño colosal, la ingeniería de precisión y la alineación astronómica han dado pie a numerosas teorías y especulaciones sobre el propósito, los métodos de construcción y su simbolismo. La Gran Pirámide, junto con las pirámides vecinas de Kefrén y Micerinos, representa la cumbre de la arquitectura funeraria y de las creencias religiosas del antiguo Egipto, y refleja la búsqueda de la inmortalidad y el reinado divino en el más allá del faraón.

El recinto del templo de Karnak, situado cerca de la actual ciudad de Luxor, es otro lugar sagrado egipcio, construido a lo largo de un periodo de más de 2000 años, entre el Imperio Medio y la época ptolemaica. Karnak es uno de los recintos de templos más grandes de Egipto, consagrado al dios Amón-Ra, el rey de los dioses. Era un lugar de culto religioso, rituales y peregrinación que atraía a devotos de todo el reino, que acudían a él para rendir tributo a los dioses, buscar guía divina y participar en sofisticados festivales y ceremonias. El valle de los Reyes, en la orilla occidental del río Nilo, cerca de Luxor, también es conocido por las tumbas de la realeza y los objetos funerarios. El valle era el lugar de sepultura de los faraones y los altos funcionarios del Imperio Nuevo, entre los siglos XVI y XI a. C., y alberga tumbas de faraones como Tutankamón, Ramsés II, Seti I y Hatshepsut. Estas tumbas se adornaban con intrincados murales, jeroglíficos y objetos funerarios que se suponía que iban a acompañar al faraón en el más allá y garantizarían su viaje al reino de los dioses. La Gran Esfinge de Guiza es otra de las obras maestras del antiguo Egipto, una estatua colosal de una criatura con cuerpo de león y cabeza humana que se creía que representaba a Kefrén. Se encuentra cerca de las grandes pirámides de la meseta egipcia de Guiza y es uno de los monumentos más conocidos e icónicos del

Autor desconocido · Pirámide maya de Chichén Itzá · México · 900-1000 El templo de Kukulcán se alza en la confluencia de cuatro cenotes. En el equinoccio, el sol proyecta una sombra que se desliza por los escalones como una serpiente emplumada y acaba en una cabeza de serpiente de piedra.

Autor desconocido · Stonehenge, solsticio de invierno · Inglaterra · Hacia 2500 a. C. Como muchas estructuras sagradas antiguas, la construcción de Stonehenge requirió conocimientos cósmicos expertos, pero se desconoce cómo se construyó. En los solsticios, las piedras se alinean con el sol naciente.

mundo. Se cree que la Esfinge se construyó durante el reinado del faraón Kefrén, en el siglo XXVI a. C., y todo indica que ejercía de centinela de las pirámides, siendo un símbolo del poder y la protección de la realeza.

Las pirámides construidas en la antigua ciudad de Teotihuacán, en México, son otro espacio sagrado importante que refleja las prácticas espirituales y culturales de las civilizaciones mesoamericanas. En Teotihuacán, que significa «el lugar donde se crearon los dioses» en náhuatl, se encuentran la pirámide del Sol, la pirámide de la Luna y el templo de la Serpiente Emplumada, monumentos emblemáticos donde los aztecas, los mayas y otros pueblos indígenas celebraban ceremonias y rituales. El urbanismo, la arquitectura y el arte de la ciudad reflejan una profunda veneración por el cosmos, la naturaleza y las fuerzas sobrenaturales que se creía que gobernaban la vida y el destino humanos.

Chichén Itzá, en la península de Yucatán, en México, era una floreciente metrópoli de la civilización maya donde se encuentra la imponente pirámide conocida como El Castillo, o el templo de Kukulcán. Con 24 metros de altura, la pirámide es un testimonio de los conocimientos matemáticos y astronómicos de los mayas. En alineación con los movimientos del sol, el yacimiento ofrece un asombroso despliegue visual en los equinoccios de primavera y otoño, cuando la sombra de una serpiente parece deslizarse por la escalinata. Además del templo de Kukulcán, en Chichén Itzá se encuentran otros edificios notables, como El Gran Juego de Pelota, el templo de los Guerreros y el Grupo de las Mil Columnas. Uno de los aspectos más interesantes de Chichén Itzá es el Cenote Sagrado, un gran sumidero natural que los mayas utilizaban para ofrecer sacrificios humanos. El descubrimiento de restos humanos y objetos en el cenote ha permitido desvelar las prácticas religiosas del pueblo maya y su veneración por el agua como elemento sagrado.

En dirección sur, en lo alto de los Andes peruanos, Machu Picchu aún es testigo del ingenio, la espiritualidad y la pericia arquitectónica de la antigua civilización inca. Este emblemático yacimiento arqueológico, enclavado en una escarpada cresta con vistas al valle del río Urubamba, atrae a visitantes de todo el mundo. Machu Picchu, que significa «montaña vieja» en quechua, la mandó construir el emperador inca Pachacútec Yupanqui en

Autor desconocido · Muro de las Lamentaciones o Muro Occidental · Jerusalén · Hacia 19 a. C. Al parecer, el único muro que sigue en pie del templo sagrado judío del monte Moriá, construido por el rey Herodes y posterior al templo encargado por el rey Salomón, albergaba el Arca de la Alianza.

Ra Paulette · *Tree of Life Cave* · Estados Unidos 2011-2019 El artista Ra Paulette esculpió a mano en 14 cuevas subterráneas del norte del desierto de Nuevo México, cincelando meticulosamente sus obras a partir de las formas orgánicas que se encontraban en estas cámaras subterráneas.

富士の雪晴（田子浦） 昭和七年 巴水作
版権所有 土井版画店
摺イトウ
彫ハラ田

el siglo XV como finca real y lugar ceremonial. Situada en una elevación de 2430 metros sobre el nivel del mar, el urbanismo de Machu Picchu se caracteriza por una serie de plazas, templos, palacios y edificios residenciales interconectados que revelan los sofisticados conocimientos de los incas sobre planificación urbana, ingeniería y alineación celestial. La precisión y la artesanía de la sillería, las intrincadas tallas y hornacinas y la orientación estratégica de las construcciones reflejan la veneración que sentían los incas por la naturaleza, el cosmos y el orden divino del universo.

Uno de los elementos más representativos de Machu Picchu es el Intihuatana, que significa «lugar donde se ata el sol» en quechua, un gran pilar de piedra situado en el centro del yacimiento que se usaba como observatorio astronómico. Al parecer, los sacerdotes incas lo utilizaban para seguir los movimientos del sol, la luna y las estrellas, haciendo coincidir sus rituales y prácticas agrícolas con los ciclos de la naturaleza y el calendario celestial. El concepto del Intihuatana refleja la profunda conexión de los incas con el cosmos y su creencia en la interconexión de toda la vida, la energía y la conciencia, haciendo hincapié en su sabiduría espiritual y su veneración por el mundo natural.

Al otro lado del mundo, en India, está Benarés, una antigua población situada a orillas del río Ganges. Se considera una de las ciudades más sagradas del hinduismo y un importante lugar de peregrinación para millones de devotos que acuden allí para bañarse en el río sagrado, incinerar a sus seres queridos

Hasui Kawase · ***Claro después de una nevada en el monte Fuji (playa de Tagonoura)*** · **Japón** · **1932** El monte Fuji es un lugar venerado por los sintoístas. El destacado y prolífico artista japonés Hasui Kawase realizó 52 xilografías distintas de esta montaña sagrada.

Autor desconocido · **Piedra de umbral de Newgrange** · **Irlanda** · **Hacia 3200 a. C.** El antiguo templo de Newgrange es un pasaje funerario y se construyó de modo que se alineara con el sol naciente en el solsticio de invierno. La entrada, o bordillo, está tallada con marcas megalíticas.

y buscar purificación espiritual. Los *ghats* de la ciudad, las gradas que hay a orillas del río, están flanqueados por templos, santuarios y *ashrams*, creando un núcleo vibrante de práctica espiritual, ritual y devoción. El aura mística de Benarés y su profunda conexión con la vida, la muerte y la reencarnación han inspirado a generaciones de poetas, místicos e inquiridores. El valle de Katmandú, en Nepal, es otro lugar notable que encierra un inmenso significado cultural, histórico y espiritual, y alberga templos, estupas y palacios antiguos que hinduistas, budistas y otras comunidades religiosas consideran sagrados. El rico legado arquitectónico y artístico del valle refleja una mezcla de tradiciones hinduistas y budistas, con lugares como el templo Pashupatinath y las estupas Boudhanath y Swayambhunath como núcleos de peregrinación, veneración y meditación.

En Norteamérica, el venerado cañón del Chaco de Nuevo México era el núcleo de la ancestral cultura pueblo y alberga muchas ruinas antiguas, incluido el conocido Pueblo Bonito. El cañón se considera un lugar de gran poder espiritual, en el que se llevaban a cabo ceremonias, rituales y observaciones astronómicas. Bear Butte, en Dakota del Sur, conocido por los lakotas como Mató Pahá o «montaña del oso», es una imponente formación rocosa ígnea que varias tribus de las llanuras consideran sagrada, incluidos los lakotas, los cheyenes y los arapajos. Es un lugar de oración, búsqueda de iluminación y ceremonias. Muchos creen que Bear Butte es el lugar donde habitan los espíritus de sus antepasados y desde donde pueden comunicarse con el Gran Espíritu.

Estos son solamente algunos ejemplos de los innumerables espacios sagrados que se encuentran diseminados por todo el mundo, cada uno con su historia y su significado únicos. Tanto si se trata de una ceremonia con

Autor desconocido · Viviendas excavadas en la roca de los indios pueblo · Estados Unidos · Hacia el siglo XII La construcción más conocida del Parque Nacional Mesa Verde de Colorado es el Cliff Palace, que cuenta con más de 150 habitáculos y 20 *kivas* ceremoniales.

James Tissot · *Las siete trompetas de Jericó* · Francia 1902 Tras tener una visión religiosa, Tissot dedicó los últimos años de su vida a pintar escenas bíblicas. Con el Arca de la Alianza a cuestas, los israelíes siguen las instrucciones de Dios: siete sacerdotes con trompetas rodean Jericó durante siete días.

plantas medicinales en la selva amazónica como de las oraciones dejadas en el Muro de las Lamentaciones o un paseo por el laberinto meditativo de la catedral de Chartres, cada uno de estos espacios y rituales poseen un poderoso sentido de espiritualidad y conexión con lo divino. Tienen el poder de traspasar fronteras y reunir a las personas en una veneración compartida. Nos recuerdan la interconexión de la humanidad y la búsqueda universal de significado y propósito. Asimismo, suelen ser catalizadores del diálogo intercultural, la comprensión y la cooperación entre diversas comunidades. Muchos lugares sagrados son compartidos por múltiples grupos religiosos y culturales, que se reúnen para rezar, celebrar y rendir tributo. Estos encuentros suelen desembocar en intercambios interculturales, respeto mutuo y un sentimiento cada vez más profundo de

Autor desconocido · Toro alado con cabeza humana · Irak · Siglo IX a. C. Los *lamassu* de alabastro guardaban las antiguas puertas asirias. Considerados seres celestiales en Mesopotamia, tenían cabeza humana (símbolo de inteligencia), cuerpo de toro (fuerza) y alas de águila (libertad).

Autor desconocido · *Ganga, el río sagrado* · India · 1803-1804 Ganga, la personificación del Ganges, va montada en un cocodrilo y se considera la madre de la humanidad. Las aguas sagradas conceden bendiciones y purifican a todo aquel que se bañe en ella, que ha descendido del cielo a la tierra.

vínculo entre personas de distintos orígenes, creencias y credos.

Estos espacios también sirven de puentes entre el pasado y el presente, lo material y lo espiritual, lo individual y lo colectivo. Nos recuerdan a nuestros antepasados, a nuestras raíces genéticas que nos vinculan con los antiguos ritos del pasado, a nuestra conexión con la tierra, el cielo, el fuego, el agua, el aire y el suelo. El lugar más sagrado de todos, por supuesto, es la tierra. La divinidad puede hallarse en la veneración que sentimos por nuestro planeta y nuestros cuerpos, mentes y acciones. La naturaleza es sacrosanta (los mares, las montañas, las escarpadas paredes de las cuevas), como también lo es la creatividad, el arte, el baile, el teatro o el cine, todo lo que se manifiesta desde el espacio sagrado que creamos en nuestro interior. Como el mitólogo Joseph Campbell escribió en *Reflexiones sobre la vida* (1995): «Tu espacio sagrado es donde puedes encontrarte a ti mismo una y otra vez. Uno no llega a tener un espacio sagrado, una tierra de rescate, hasta que encuentra un lugar donde estar que no sea una tierra baldía, un campo de acción donde haya una fuente de ambrosía (una alegría que venga de adentro, no algo externo que nos dé alegría), un sitio que permita experimentar la voluntad propia y la intención propia y el deseo propio de modo tal que, en pequeña escala, sea el advenimiento del Reino. Creo que todo el mundo, lo sepa o no, necesita un lugar así».

Autor desconocido Cueva de Pech Merle Francia · 25 000-16 000 a.C. Conocidas como los caballos moteados, estas pinturas rupestres situadas en Francia siguen las formas orgánicas de la curvatura de la roca. Se cree que las motas tienen un significado trascendental y, junto con las otras pinturas de animales de Pech Merle, podrían haberse pintado en estado de trance mediante rituales chamánicos.

(siguiente) Autor desconocido · Chac mool · México · 1185-1987 a.C. En el interior de la ciudad maya de Chichén Itzá, se descubrieron esculturas *chac mool* alrededor de los templos y otros lugares de culto que se utilizaban como mesa de sacrificios. Muchas culturas rituales mesoamericanas cuentan con ejemplos de figuras reclinadas.

Autor desconocido · Minarete de Jam · Afganistán Siglo XII Los sultanes gúridas de un efímero imperio nómada medieval encargaron la construcción de esta torre de 65 metros de altura en las montañas del oeste de Afganistán. Probablemente se encuentra en el lugar donde estaba la antigua ciudad de Firuzkuh y está cubierta de versículos del Corán en azulejos y diseños geométricos de ladrillo cocido. Se cree que se trata de un símbolo de victoria.

EL ATLAS ENERGÉTICO

Líneas ley, vórtices y geometría cósmica

La historia de la vida en la tierra ha sido un proceso de interacción entre las cosas vivas y lo que las rodea.

— RACHEL CARSON, escritora y ecologista, de *Primavera silenciosa*, 1962 (esp. 2023)

Si el cosmos se compone de energía, parece completamente viable la presencia de líneas ley y vórtices en el seno de la tierra: lugares con un significado energético que se extienden por varios rincones del planeta, conectando sitios espiritualmente relevantes. Hipotéticas alineaciones de lugares antiguos y sagrados, parajes emblemáticos y estructuras prehistóricas, las líneas ley tienen para muchos un significado espiritual o místico. Hay quien cree que en realidad son canales de energía que se entrecruzan y unen distintos lugares sagrados o significativos. Los defensores de las líneas ley sugieren que pueden detectarse con radiestesia u otras técnicas de adivinación.

El término *líneas ley* lo acuñó el fotógrafo y naturalista inglés Alfred Watkins, que planteó su teoría en el club de campo de naturalistas de su Hereford natal en 1921. Escribió *Early British Trackways* en 1922 y *The Old Straight Track* en 1925, dos libros en los que desarrolló su hipótesis de que varias líneas rectas se entrecruzaban en toda Inglaterra, la existencia de las cuales se remontaba al Neolítico. Watkins también postuló que las antiguas civilizaciones podrían haber erigido los monumentos y construcciones siguiendo estas líneas invisibles.

Más tarde, sus ideas se ampliaron en *Nueva visión sobre la Atlántida*, de John Michell, publicado en 1969. Según Michell, las líneas ley podrían tener un origen místico y misterioso, concepto que se popularizó con la llegada del movimiento *new age* de la década de 1980. En su libro, Michell suscribe la teoría de Watkins y sugiere que, en realidad, las líneas ley podrían ser más mágicas de lo que Watkins había aventurado: «Watkins vio directamente a través de la superficie del paisaje una capa depositada en alguna época prehistórica remota. La barrera del tiempo se derritió y se extendió por todo el país, vio una red de líneas que unían los lugares sagrados de la antigüedad [...]. En un momento de percepción trascendental, Watkins entró en un mundo mágico de la Gran Bretaña prehistórica, un mundo cuya existencia había caído en el olvido».

Harold Fisk · ***Meander Maps of the Mississippi River***
Estados Unidos · **1944** Fisk conjetura la prehistoria y analiza la memoria identificable de un río que se abrió camino a lo largo de miles de años de cambios. A través de la evolución, de alteraciones tanto naturales como atribuidas al ser humano, los colores representan el paso del tiempo y las etapas de la vida del río.

PLATE 22
SHEET 6

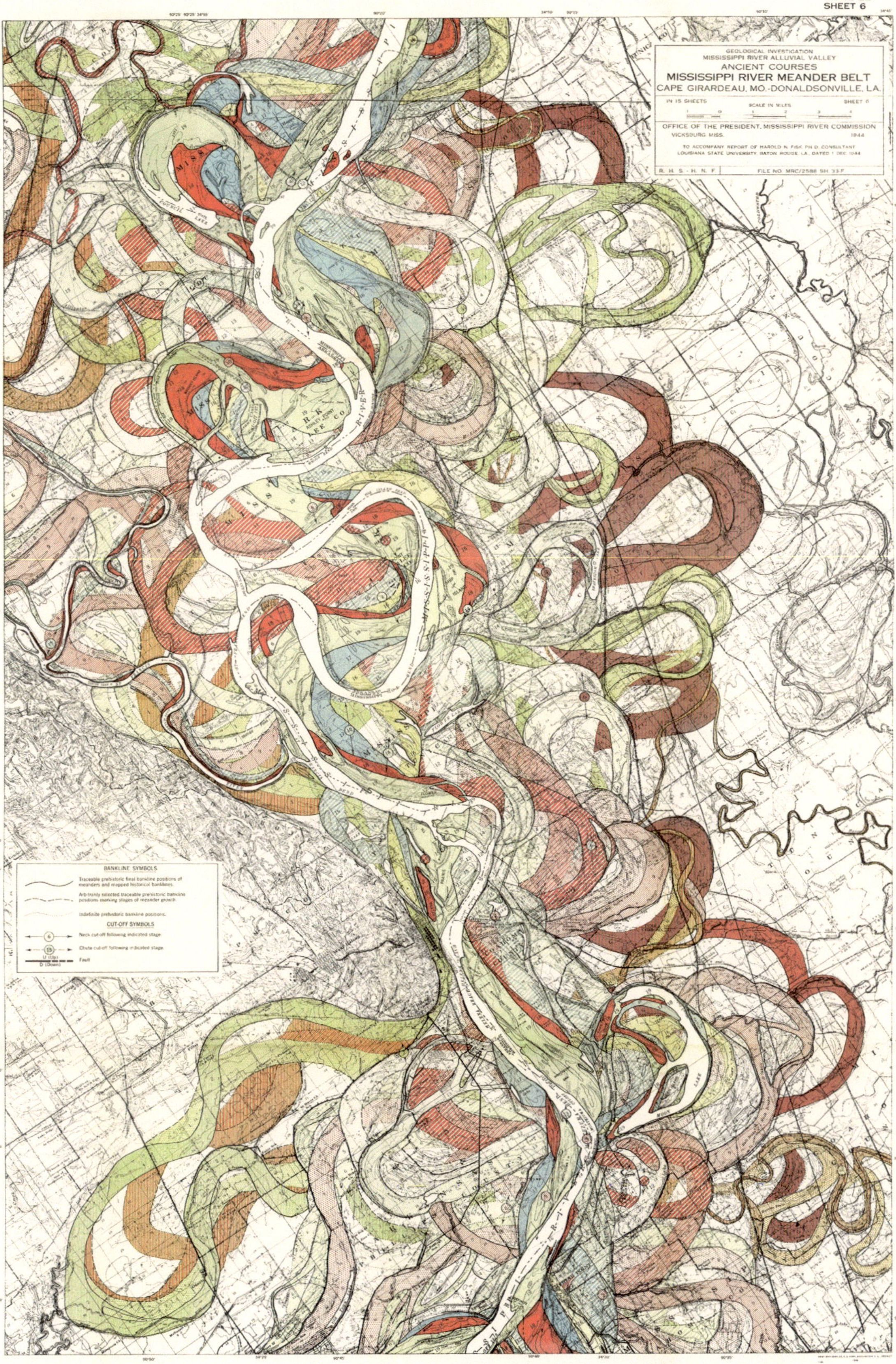

Mientras que Michell sugiere la existencia de un aspecto espiritualmente energético de las líneas ley, otros creen que, en realidad, son obra del ser humano, ya sean carreteras construidas por los invasores romanos en Inglaterra o vías trazadas incluso antes, como antiguos caminos formados a lo largo del tiempo que indicaban las rutas de los viajeros y los comerciantes. Tanto si son creadas por el ser humano como si son un fenómeno espiritual o natural, las líneas ley y los vórtices siguen despertando una gran fascinación, y la comunidad esotérica suele considerarlas líneas invisibles o zonas de concentración de energía que atraviesan el mundo entero.

En la Inglaterra natal de Watkins, se cree que el emblemático monumento prehistórico de Stonehenge se construyó sobre una de las líneas ley más conocidas. Formado por un círculo de enormes rocas en posición vertical, hay quien teoriza que las líneas que unen

Autor desconocido · Ram Yantra en Jantar Mantar, Delhi · India · 1724 Desde que la humanidad contempla los cuerpos celestes, se han erigido construcciones para dibujar sus trayectorias. El monumento construido por el rajá Jai Singh en 1724 permite determinar la posición del Sol y las estrellas.

Mohammad Reza Domiri Ganji · Techo de la mezquita Vakil, Shiraz, Irán · Emiratos Árabes Unidos · 2014 La geometría caleidoscópica teselada, basada en ecuaciones matemáticas, crea representaciones no figurativas. Más allá de su belleza, los motivos invocan la presencia del espíritu puro.

cada una de las piedras forman un poderoso fragmento de la red energética de la tierra, que se expande al exterior desde Stonehenge hasta otros lugares sagrados, algunos tan remotos como Egipto y Sudamérica. Se dice que Stonehenge es una puerta al más allá, y sus líneas ley suelen asociarse con energías espirituales intensificadas. Glastonbury Tor, también en Inglaterra, es una colina a la que se atribuye un significado espiritual desde hace miles de años. Se dice que Glastonbury se encuentra sobre una línea ley que une otros lugares sagrados de la región, incluido Stonehenge. Muchos creen que los monumentos espirituales antiguos de todo el mundo tienen su origen en las mismas líneas ley que se dice que atraviesan Inglaterra. Por ejemplo, se cree que Machu Picchu, la antigua ciudad inca de Perú, también podría encontrarse sobre una línea ley que une la tierra y el cielo. Esta misma línea ley se cree que está conectada energéticamente con las pirámides de Guiza, en Egipto. Al parecer, los antiguos incas recurrían a «líneas espirituales» o *ceques*, con el templo inca del Sol de Cuzco como punto neurálgico, para trazar los caminos que llevaban a lugares con significado espiritual.

En el sudoeste de Norteamérica, en la ciudad de Sedona, en Arizona, hay un lugar de peregrinación *new age* que atrae a muchas personas convencidas de que se encuentra en un vórtice sumamente energético. Sedona está rodeada de imponentes formaciones de roca roja, unas torres de piedra que también se cree que emiten potentes campos energéticos.

UNESCO · Vista aérea de Stonehenge · Inglaterra 1986 Desde arriba, puede vislumbrarse cómo la disposición de los antiguos menhires se calculó a partir de acontecimientos astronómicos de manera que quedaran alineados con ellos.

Autor desconocido · Monasterio budista de Paharpur · Bangladés · Siglo VIII Vista área de este complejo hito arquitectónico diseñado a modo de mandala, un símbolo de la creación del universo con sus cuatro direcciones.

En el extremo occidental de Norteamérica, el monte Shasta también se considera un vórtice energético y un lugar sagrado. Hay muchas leyendas y relatos acerca de la montaña, y para algunas tribus indígenas de la zona es un lugar con un inmenso significado espiritual.

El concepto de las sendas espirituales y mitológicas es propio de muchas culturas, desde los senderos de las hadas irlandeses hasta las líneas del dragón chinas. Las líneas de canto, también conocidas como caminos de ensueño, son senderos de la tierra y el cielo que están presentes en canciones, relatos y pinturas de los aborígenes australianos. La energía de la propia tierra también confiere poder a los lugares sagrados, junto con aspectos de las matemáticas y la geometría cósmica. Ya sea a partir de los misterios del laberinto o de la forma sagrada del mandala, todos estos elementos entran en juego profundamente con la arquitectura religiosa y espiritual del mundo.

A menudo, estos símbolos con significado geométrico, como el laberinto, proporcionan un espacio para la meditación en movimiento o para la contemplación espiritual. Sea cual sea la tradición o la religión, se dice que la mano de los dioses se manifiesta en los detalles del arte y la arquitectura sagrados, como se aprecia en la creación de murales, mandalas y otros símbolos, donde el arte es un proceso alquímico que transmuta el culto en una forma creativa. Los espacios religiosos y espirituales del mundo y de culturas dispares suelen revelar una alineación matemática, astronómica o energética, ya sea por la posición de la piedra angular de una iglesia o la relación de un lugar con el giro de la tierra y los movimientos de los planetas.

Autor desconocido · Símbolo del tao del Qingyang Gong (el templo de la Cabra Verde) · China Siglo XIX Considerado el lugar de nacimiento del taoísmo, el palacio de Qingyang Gong Shi se construyó en el siglo IX durante la dinastía Tang y se reconstruyó numerosas veces.

Autor desconocido · Mandala thangka de Hayagriva Tíbet · Siglo XIX Avalokiteshvara, el *bodhisattva* de la compasión del panteón tibetano, se representa iracundo como protector y destructor de espíritus malignos. Lo rodean deidades y símbolos que protegen de enfermedades, desgracias y energías negativas.

Alfred Watkins
Piedra de sacrificio
Inglaterra · 1925
Creador del concepto de las líneas ley, Watkins recrea una escena inspirada en las alineaciones con el sol de los templos griegos y egipcios. Las líneas invisibles de la energía terrestre y de los ciclos solares, conocidas por las civilizaciones antiguas, dictaban la ubicación de los templos, las sepulturas y, como muestra la fotografía, los lugares de sacrificio.

Richard Buckminster Fuller · Construcción de edificios/cúpula geodésica · Estados Unidos · 1951 La geometría sagrada de la estructura esférica que imita la forma fundamental de la creación, diseñada por el genial polímata Fuller, resulta estéticamente cautivadora incluso sobre plano.

Daniel Martin Diaz · *Pyramid Frequencies* · Estados Unidos · 2021 Tal como explica el artista, «las civilizaciones antiguas utilizaban métodos arcanos para aprovechar las frecuencias armónicas con el fin de construir monumentos y desplazar estructuras colosales».

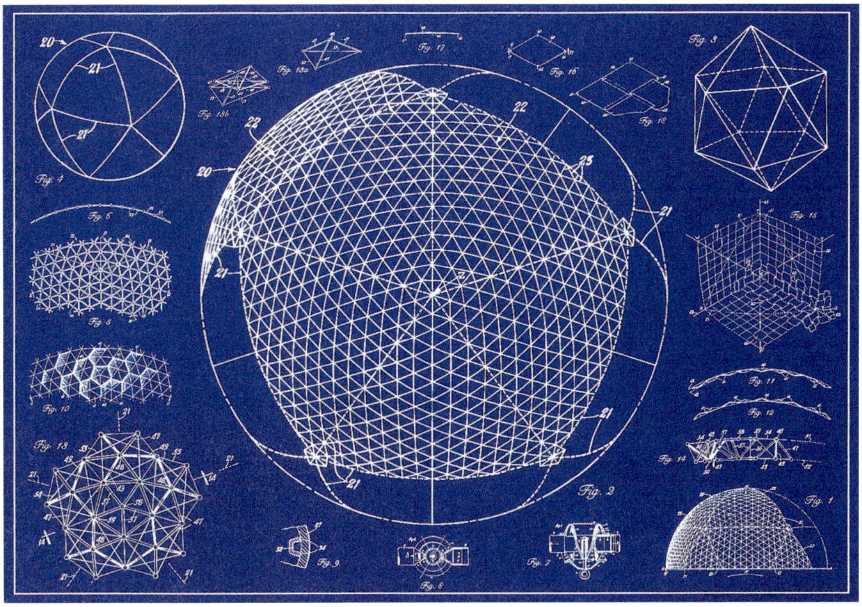
Fig. 3
Fig. 4
Fig. 2
Fig. 1

TIME

(pág. 44) Alexander Graham Bell · Cometas tetraédricas · Escocia/ Estados Unidos · 1903 Además de inventar el teléfono, Bell hizo sus incursiones en la aerodinámica: diseñó una serie de cometas utilizando celdas piramidales debido a su estructura geométrica, con el objetivo del vuelo humano en mente.

(pág. 45) Autor desconocido · Dibujo procedente de un manuscrito sin título Alemania · Siglo XVI Conservado en los archivos de la Biblioteca Duque Augusto, este manuscrito ilustrado muestra la fascinación del Renacimiento alemán por las formas geométricas, tal como demuestran figuras como Alberto Durero y Johannes Kepler.

Nadia Waheed · *Pilgrims, Sojourners* · Estados Unidos · 2021 Hablando del conflicto entre honrar el pasado y homogeneizar el mundo actual, la artista analiza la conexión de las mujeres con las formas y las tierras ancestrales para, según ella, «intentar encontrar la verdad o intentar recibir la verdad».

Antoni Gaudí · Techo de la nave de la Sagrada Familia · España · Siglo XX Más de un siglo de labores de construcción se han destinado a esta gigantesca basílica de intrincado diseño geométrico y caleidoscópico, concebida como una obra maestra universal del simbolismo cristiano.

319
taken 1903 Oct 16
1903 Oct 17

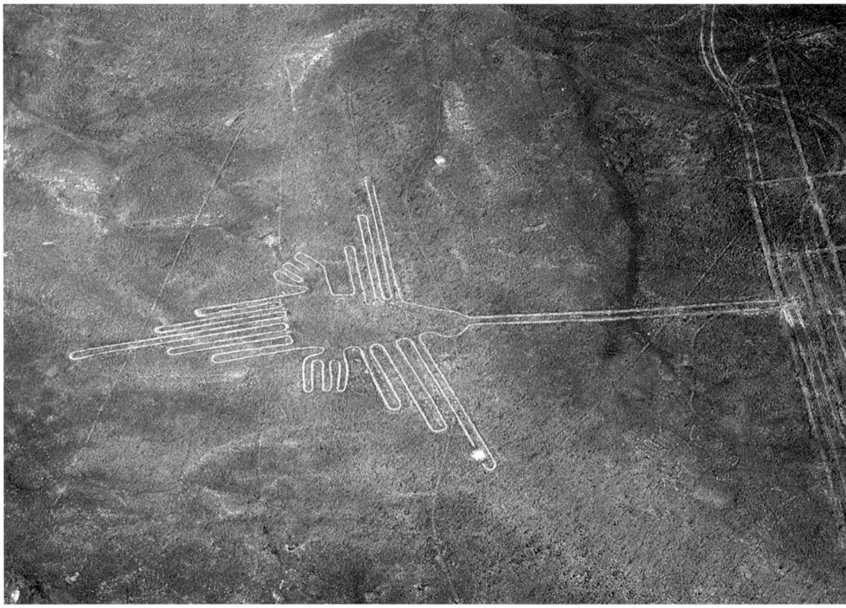

(pág. opuesta) Autor desconocido Formación de estrella de nueve puntas en espiral · Inglaterra 1999 Durante un extraño eclipse solar total, visible en la campiña inglesa, aparecieron multitud de círculos en los cultivos de la noche a la mañana. La estrella de nueve puntas surgió justo debajo de la figura del caballo blanco de la colina de Cherhill. El fenómeno de los círculos de cultivos se concentra en Wiltshire, donde se han descubierto casi cuatrocientos en los últimos treinta años.

Autor desconocido · Líneas de Nazca en forma de colibrí · Perú · 200 a.C.-600 d.C. Las líneas de Nazca, los geoglifos más grandes del mundo, solo se distinguen por completo a vista de pájaro. De todas las formas y diseños geométricos de plantas y animales, el colibrí es el más emblemático.

Autor desconocido · Anasazis de Pueblo Bonito Estados Unidos · 828-1126 Las vistas del antiguo asentamiento revelan la sofisticada arquitectura de los anasazis. El yacimiento se llama Pueblo Bonito y está en el Parque Histórico Nacional de la Cultura Chaco, en el cañón del Chaco de Nuevo México.

Autor desconocido · Monje budista dibujando un mandala de arena · Francia · Siglo XXI Muy simbólico y arraigado en la filosofía, el arte secular de crear mandalas de arena es un ritual con un significado profundo. Se destruyen poco después de acabarlos como símbolo de la impermanencia de la vida.

Jean-Louis Nou · *Festival Onam en Kerala, India* Francia · 1975 Onam, el festival hinduista de la cosecha celebrado en Kerala, es fotografiado mientras unas jóvenes completan un mandala de pétalos de flores frescas. Creados a las entradas de las casas, los mandalas garantizan felicidad y prosperidad.

PARTE I

LA ALQUIMIA DE LA ARQUITECTURA

Una cronología de los lugares sagrados

Mattia Bortoloni, Felice Biella y Giuseppe Galli Bibiena
Santuario de Vicoforte
Italia · 1745-1748
La Asunción de María está pintada en la bóveda de la cúpula del santuario. Erigido hacia 1590, se reconstruyó después de que la bala perdida de un cazador atravesara un fresco de la Virgen María, que se puso a sangrar según cuenta la leyenda. Desde entonces, es un lugar de peregrinaje.

Desde tiempos inmemoriales, nuestros antepasados han activado el espacio que los rodeaba llevando a cabo actos de culto y expresión creativa. En la cueva de Blombos, en Sudáfrica, hay petroglifos de unos 75 000 años de antigüedad, por lo que son uno de los primeros ejemplos de arte rupestre de la humanidad. Los petroglifos de Blombos consisten en símbolos y motivos abstractos grabados en fragmentos de ocre, un tipo de pigmento mineral. Estos grabados constituyen una de las primeras manifestaciones de la expresión simbólica o artística del *Homo sapiens*, lo que denota una complejidad cognitiva y un profundo significado cultural.

17 000 a. C. · Primeras pinturas rupestres, hechas en Lascaux, Francia. Todo indica que tienen un significado espiritual o religioso para los pueblos del Paleolítico superior.

10 000 a. C. · Primeros indicios de actividad humana en Uluru (Ayers Rock), Australia, un lugar significativo para el pueblo aborigen de los anangus.

10 000-8000 a. C. · Se construye Göbekli Tepe en Turquía, el templo más antiguo conocido, 6000 años antes que Stonehenge.

3600-2500 a. C. · Construcción de los templos megalíticos de Malta. Algunos de ellos, considerados unas de las estructuras independientes más antiguas del planeta, se cree que están consagrados a una deidad de la fertilidad.

3200 a. C. · Construcción de Newgrange, un monumento prehistórico del condado de Meath, Irlanda. Este túmulo circular de gran tamaño con un pasadizo de piedra y cámaras en su interior es más conocido por sus intrincados grabados en espiral y su alineación con el solsticio de invierno, cuando el sol entra en el pasadizo e ilumina el interior de la cámara.

3000-2000 a. C. · Construcción de Stonehenge, un monumento prehistórico formado por un círculo de piedras en vertical. Posiblemente se utiliza para rituales u observaciones astronómicas.

2580-2560 a. C. · Se construye la Gran Pirámide de Guiza en Egipto, la más antigua de las siete maravillas del mundo antiguo y tumba monumental para el faraón Keops.

2055 a. C. · Se empieza a construir el gran templo de Amón en Karnak, Egipto. Uno de los edificios religiosos más grandes jamás construidos, el templo está dedicado a la tríada tebana formada por Amón, Mut y Jonsu.

Siglo V a. C. · Benarés, en Uttar Pradesh, al norte de India, es una de las ciudades habitadas permanentemente más antiguas. Se desconoce la fecha de su fundación, ya que tiene una historia milenaria. Es un notable centro histórico, cultural y espiritual indio, conocido por sus antiguas tradiciones religiosas, los templos, los *ghats* (gradas a orillas del río) y el río sagrado Ganges.

Siglos V-IV a. C. · Fundación de Bodh Gaya en India, donde Siddhartha Gautama alcanza la iluminación. Se convierte en uno de los lugares de peregrinación más importantes para el budismo.

PREHISTORIA —— 10 000 a. C. ——

550 a. C. · Construcción del templo de Artemisa en Éfeso, Turquía, una de las siete maravillas del mundo antiguo. El templo experimenta varias destrucciones y reconstrucciones.

478 a. C. · Construcción del templo y antigua residencia de Confucio en Qufu, en la provincia de Shandong, China. El templo se reconstruye en el siglo II.

438 a. C. · Construcción del Partenón de Atenas en Grecia, un templo consagrado a la diosa Atenea, patrona de la ciudad.

300 a. C. · Empieza a construirse La Danta en El Mirador, Guatemala. Una de las pirámides más voluminosas del mundo, La Danta formaba parte de la civilización maya.

100 a. C. · Se funda Teotihuacán en México, una antigua ciudad mesoamericana con pirámides y templos que concentraba la vida religiosa de la región.

200 d. C. · Se construye la pirámide del Sol, la más grande de la antigua ciudad de Teotihuacán, en México, y una de las más grandes de Mesoamérica. Le sigue la construcción de la pirámide de la Luna, situada al final de la avenida de los Muertos de Teotihuacán.

330 · Construcción de la iglesia de la Natividad en Belén, sobre la cueva donde se creía que había nacido Jesucristo.

537 · Se termina de construir Santa Sofía en Estambul, Turquía. Originalmente una catedral, llega a ser uno de los lugares de culto más importantes del mundo cristiano y, posteriormente, islámico.

692 · Primera construcción documentada del gran santuario de Ise en Japón. El santuario se reconstruye cada 20 años según las tradiciones sintoístas. Consagrado a la diosa Amaterasu, es un lugar de peregrinación importante para los practicantes del sintoísmo.

850-1250 · Consolidación del cañón del Chaco como centro cultural de los indios pueblo. El lugar es conocido por su impresionante arquitectura, incluidas las construcciones de piedra monumentales y una compleja red de grandes casas, *kivas* (cámaras ceremoniales subterráneas) y carreteras.

1163 · Empieza a construirse la catedral católica medieval de Notre Dame en el corazón de París, Francia.

1194 · Empieza a construirse la catedral de Chartres. Obra maestra de la arquitectura gótica francesa, es conocida por su reliquia sagrada, la Santa Camisa.

Siglo VII · Construcción del conjunto de templos de Mahabodhi en India, lugar donde Siddhartha Gautama, Buda, alcanzó la iluminación.

Siglo VII · Se funda la abadía de Glastonbury, que se convierte en uno de los monasterios más importantes de Inglaterra. Se construye en los cimientos de antiguas edificaciones religiosas y se amplía y renueva a lo largo de los siglos. La abadía es conocida por su relación con el rey Arturo y el Santo Grial, y es un lugar de peregrinación popular en la Edad Media.

Siglo VIII · Construcción del templo de Parvati en India, consagrado a la diosa Parvati y situado en Himachal Pradesh.

Siglos VIII-XII · Construcción del templo de Kukulcán, o El Castillo. Esta pirámide escalonada se encuentra en Chichén Itzá, México, y atestigua la sofisticación de la civilización maya.

Siglo XII · Se funda Angkor Wat, en Camboya. Originariamente se construye un templo hindú consagrado a Visnú. Más adelante, se convierte en templo budista y, en la actualidad, sigue siendo uno de los monumentos religiosos más grandes del mundo.

Siglos XIII-XVI · Construcción de las enormes esculturas de la isla de Pascua, una remota isla del océano Pacífico también conocida como Rapa Nui. Las estatuas monumentales, llamadas moáis, son obra del pueblo indígena polinesio de la isla. Los moáis son grandes estatuas de piedra que representan figuras ancestrales.

500 a. C. — 500 d. C.

Siglo XV · Se construye Machu Picchu en los Andes por parte del imperio Inca. Se utiliza como retiro para la realeza y como centro religioso consagrado a los dioses incas y al culto de la naturaleza. Hoy día, es Patrimonio Mundial de la UNESCO y un destino turístico muy popular.

Siglo XV · Se construye el jardín zen Ryoan-ji en Kioto, un ejemplo notable de jardín de roca seco que se remonta a finales del siglo XV y se conoce por su diseño minimalista que invita a meditar.

Siglo XVI · Construcción del templo del Diente de Buda en Sri Lanka para albergar esta reliquia. Posteriormente, se convierte en un lugar clave de la peregrinación budista.

1604 · Se termina de construir el templo Dorado de Amritsar en India, considerado el *gurdwara* más sagrado del sijismo.

1626 · Construcción de la basílica de San Pedro en la Ciudad del Vaticano, el corazón de la Iglesia católica y uno de los lugares más sagrados del cristianismo.

1709 · Se completa la basílica de Nuestra Señora de Guadalupe, en Ciudad de México. Esta iglesia es uno de los lugares de peregrinación más importantes del catolicismo, especialmente entre los fieles de origen mexicano.

1858 · Se dice que la Virgen María se le aparece a la joven campesina Bernadette Soubirous. La gruta de Lourdes, un edificio parecido a una cueva a orillas del río Gave de Pau, se convierte posteriormente en un lugar de peregrinación.

1882 · Empieza la construcción (cuya finalización está prevista para 2026) de la Sagrada Familia, una gran basílica católica romana en Barcelona, diseñada por el arquitecto catalán Antoni Gaudí.

1908 · Comenzando en Asjabat, Turkmenistán, se construyen casas de adoración bahaíes en distintos lugares. Cada uno de los nueve templos continentales tiene un diseño único, y juntos representan el principio bahaí de la unidad de la humanidad.

1934 · Robert Stacy-Judd construye la Philosophical Research Library en Los Ángeles, California (EE. UU.). El espacio lo funda el prestigioso escritor, académico y filósofo Manly P. Hall. La biblioteca alberga una vasta colección de libros, manuscritos y material esotérico sobre temas filosóficos, espirituales y metafísicos.

1959 · Abre al público el Guggenheim Museum de Nueva York. El filántropo Solomon R. Guggenheim y la asesora de arte Hilla von Rebay empiezan la colección a finales de la década de 1920. En la década de 1940, Guggenheim conoce al arquitecto Frank Lloyd Wright y le encarga el diseño de un nuevo museo para albergar la creciente cantidad de obras. La construcción del icónico edificio en espiral comienza en 1956.

1964 · Empieza a construirse Sea Ranch, un proyecto residencial enclavado en la escarpada costa del norte de California, EE. UU. Un equipo de arquitectos, entre ellos Lawrence Halprin, Joseph Esherick y Charles Moore, lo diseña como una urbanización.

1965 · Fundación de Drop City, un proyecto colectivo y artístico de carácter experimental, en el sur de Colorado (EE. UU.). Lo crea un grupo de artistas y miembros de la contracultura que busca crear un entorno residencial comunal donde confluyan la expresión artística, la sostenibilidad medioambiental y las formas de vida alternativas.

1968 · Sale a la venta el *Whole Earth Catalogue*, una publicación contracultural creada por Stewart Brand. Influye mucho en el movimiento ecologista, el movimiento *back to the land* y el desarrollo de la informática e Internet.

1970 · Fundación del Pilton Pop, Folk & Blues Festival, que en 1971 pasa a llamarse Glastonbury Festival. A partir de entonces, se convierte en uno de los festivales de música más concurridos y emblemáticos del mundo. Es célebre por su fusión única de música, arte, cultura y espíritu comunal, así como su compromiso con la sostenibilidad y las causas benéficas.

1900

Lauren Halsey · ***The eastside of south central los angeles hieroglyph prototype architecture (I)*** **Estados Unidos · 2022**
El jardín de la azotea del Met fue encargado a Halsey, que creó una instalación *in situ* independiente. Con una combinación de elementos del afrofuturismo, del simbolismo egipcio y de las preocupaciones propias de las personas de raza negra, el colectivo *queer* y la clase trabajadora, así como su comunidad del sur de Los Ángeles, la artista fusiona con fluidez la historia antigua y actual.

1970 · Empieza la construcción de Arcosanti, un proyecto de ciudad experimental y arcología del arquitecto Paolo Soleri. El proyecto Arcosanti sigue en curso, y la ciudad sirve de taller residencial para el desarrollo y la materialización de los conceptos arquitectónicos y ecológicos de Soleri.

1970 · El artista Robert Smithson construye Spiral Jetty, considerada una obra fundamental del *land art* que explora la relación entre la naturaleza, el arte y el medio ambiente. La escultura, de 460 metros de largo y 4,5 metros de ancho aproximadamente, crea una forma característica y sorprendente que interactúa con los niveles de agua cambiantes del Gran Lago Salado.

1971 · Fundación de Christiania. También conocida como Ciudad Libre de Christiania, se trata de un autoproclamado barrio autónomo y comunidad anarquista que se encuentra en el barrio de Christianshavn de Copenhague, en Dinamarca.

1973 · Empieza la construcción de los *Sun Tunnels* en el Desierto de la Gran Cuenca, en Utah, que se terminan en 1976. La instalación es un diseño de la artista estadounidense Nancy Holt, conocida por liderar el movimiento *land art* y explorar la luz, el espacio y el tiempo en su obra artística.

1978 · Empieza la construcción del *Jardín del Tarot*, un parque escultórico situado en la Toscana, Italia. Creado por la artista francesa Niki de Saint Phalle, abre al público en 1998. El jardín cuenta con esculturas monumentales inspiradas en las cartas del tarot, y cada escultura representa una carta distinta de los arcanos.

1979 · El artista James Turrell adquiere el Roden Crater, un cráter volcánico inactivo situado en la región del desierto Pintado del norte de Arizona, EE. UU., y empieza su icónico proyecto de *land art* a gran escala.

1982 · La artista Agnes Denes crea *Wheatfield*, su icónico proyecto de *land art* que consiste en plantar casi una hectárea de trigal en un vertedero de Lower Manhattan, cerca de las antiguas torres del World Trade Center.

1986 · Finaliza la construcción de la casa de adoración bahaí de Nueva Delhi, en India. Conocida como el templo del Loto, destaca por su forma de flor.

1986 · Larry Harvey y Jerry James construyen y queman una efigie de madera de casi 2,5 metros en una playa de San Francisco. Con los años, el acontecimiento empieza a conocerse como Burning Man, un encuentro anual que actualmente se celebra en el desierto de Black Rock de Nevada, EE. UU. El festival se caracteriza por sus principios de autoexpresión radical, participación comunal, desmercantilización y gestión medioambiental.

1995 · Richard Long crea *Leaving the Stones*, una instalación a gran escala que consiste en un sendero de piedras y otros materiales naturales obra del exponente británico del *land art*.

2003 · Fundación de la CoSM (Capilla de los Espejos Sagrados, por sus siglas en inglés). Este santuario y templo contemporáneo se encuentra en Wappingers Falls, Nueva York, EE. UU., y es obra de los artistas visionarios Alex Grey y Allyson Grey. La capilla es un centro artístico y espiritual consagrado a la celebración de la creatividad, la expansión de la conciencia y el arte visionario.

2008 · Un grupo de artistas, escritores y músicos fundan Meow Wolf, un colectivo de arte y entretenimiento de Santa Fe, Nuevo México. El grupo es conocido por sus experiencias artísticas inmersivas e interactivas, que suelen implicar múltiples medios y elementos narrativos. La primera instalación permanente creada por Meow Wolf, *House of Eternal Return*, se inaugura en marzo de 2016 en Santa Fe.

Década de 2000 hasta hoy
Artistas e inquiridores de todo el mundo siguen expresando su creatividad y espiritualidad a través de varias formas de arquitectura, jardines, esculturas, instalaciones y obras inmersivas, así como representaciones, peregrinaciones, danzas, oraciones y encuentros comunitarios.

1970 —— 1980 —— 2000

Keep Moving Forward
IN Here
REFLECTION
LOOK
YOU CREATED

PARTE II

Cuerpo de tierra

CARTOGRAFÍA DEL
REINO NATURAL

LA SANTA MADRE

Veneración en el altar de la naturaleza

La tierra es un ser vivo y consciente. En compañía de culturas de muchas épocas y lugares, calificamos estas cosas como sagradas: el aire, el fuego, el agua y la tierra. Tanto si las consideramos el aliento, la energía, la sangre y el cuerpo de la Madre como los dones benditos de un Creador, o bien símbolos de los sistemas interconectados que sustentan la vida, sabemos que nada puede vivir sin ellos.

— **STARHAWK,** escritora, activista y ecofeminista, de *The Fifth Sacred Thing*, 1993

Lita Albuquerque *NAJMA (She Placed One Thousand Suns Over the Transparent Overlays of Space)* · **Estados Unidos** **2020** Ambientada en el festival Desert X AlUla de Arabia Saudita y otros desiertos del mundo, la instalación de Albuquerque cuenta la historia de Elyseria, una astronauta teñida de pigmento azul ultramar que llega a la tierra en 6000 a. C. Su misión es impartir sus conocimientos sobre las estrellas, pero olvida su propósito antes de volver a conectar con los guardianes de los astros.

Nuestro planeta natal, que nos nutre y da sustento a toda la vida tal y como la conocemos, es quizá el lugar más sagrado de todos. Si rememoramos los ritos de nuestros antepasados prehistóricos, sus rituales consagrados a la divinidad del suelo, de las plantas y los árboles, de los mares y los cielos, vemos que hace mucho que asociamos la tierra con una expresión de lo divino. La primera diosa a la que rendimos culto fue la propia tierra, la madre divina, encarnada en las ramas mecidas por el viento, en el surgimiento de piedras y montañas, en la corriente de los rápidos y en las mareas regidas por la luna. Estábamos rodeados de lugares espirituales, y es que nuestros ancestros practicaban varias formas de animismo, la creencia de que todas las cosas, incluida la tierra, están vivas y poseen espíritu. Las culturas animistas solían celebrar ceremonias para rendir tributo a esta profunda conexión con la naturaleza, en las que hacían ofrendas y participaban en rituales colectivos. Muchos se limitaban a observar y reverenciar el mundo natural, al que reconocían como una manifestación de lo divino.

A lo largo de la historia de la humanidad, hemos venerado la tierra y la naturaleza, a menudo atribuyendo cualidades sagradas a varias entidades naturales como los árboles, las montañas, los ríos y el suelo. El animismo está presente en la mayoría de las culturas indígenas del mundo. Estas tradiciones espirituales politeístas basadas en la naturaleza fueron muy anteriores al monoteísmo e, incluso hoy, movimientos paganos modernos como la *wicca* conceden mucha importancia a la sacralidad de la tierra y sus ciclos. La espiritualidad basada en la tierra es otro planteamiento espiritual no institucionalizado que la considera una madre y fomenta una relación armoniosa con el mundo natural.

La hipótesis de Gaia, que surgió a finales del siglo XX, postulada por primera vez por el científico James Lovelock, es una perspectiva científica y espiritual que considera la tierra como un único sistema complejo y autorregulado, llamado Gaia, que comprende todos los seres humanos. La palabra *Gaia* tiene su origen en la mitología griega. Considerada

(anterior) Stanislav Szukalski · ***Paisaje erótico*** **Polonia** · **1954** Las convicciones radicales de Szukalski infundieron en su arte fascinantes mutaciones de cuerpos humanos y animales con seres mitológicos, arte antiguo y el mundo natural.

la personificación de la tierra, Gaia fue una de las deidades primordiales que surgió en la creación del universo. Según *La Teogonía* de Hesiodo, era la madre de todo, la base de todos los dioses y del mundo mismo. Surgió del Caos y dio a luz a Urano (el cielo), a Ponto (el mar) y a los titanes, entre otros seres. En algunos mitos, Gaia se considera la deidad original de la que descienden todas los demás.

El chamanismo es otra larga tradición directamente relacionada con el poder de los elementos y de la naturaleza. Practicado globalmente por las tribus indígenas, suele girar en torno a un practicante que alcanza estados alterados de la conciencia para interactuar con un mundo espiritual. Después, el chamán canaliza estas energías trascendentales en beneficio de la comunidad, a menudo interactuando directamente con las fuerzas de la naturaleza y las plantas medicinales. Religiones como el hinduismo también reflejan una profunda veneración por la tierra. El hinduismo considera que determinados ríos, como el Ganges, y otros parajes naturales son sagrados, auténticas expresiones de lo divino. Las principales enseñanzas del budismo también transmiten un respeto por toda la vida y un conocimiento de nuestra interdependencia con el mundo natural. Las ceremonias del sintoísmo japonés suelen consistir en la veneración de los espíritus conocidos como *kami*, que se asocian con elementos de la naturaleza. En Norteamérica, las culturas indígenas sienten desde tiempos ancestrales un profundo respeto por la tierra y, a menudo, se consideran custodios del mundo, con prácticas espirituales que rinden tributo a la interconexión de todas las formas de vida. El taoísmo, una filosofía y religión originaria de la antigua

Autor desconocido · Torre des Savinar e islote de Es Vedrà al amanecer · España · Década de 1750
Fotografiada con la primera luz del día, la torre de misteriosa construcción se erige sobre el mar con vistas a Es Vedrà, el tercer lugar más energético de la tierra. Muchos lo consideran parte de la Atlántida.

Keisai Eisen · *Catarata de Kegon* · Japón · Siglo XIX
En el Parque Nacional de Nikko fluye una de las atracciones más pintorescas de todo Japón: una catarata de 97 metros. Venerada como lugar de peregrinaje, la cascada lleva el nombre de un texto budista.

日光山名所之内
華嚴之瀧
三瀧之其一景
五泉寫

China, pone énfasis en vivir en armonía con el tao, que suele entenderse como la naturaleza fundamental del mundo.

Los dioses y las diosas que representan la naturaleza también han sido fundamentales para las mitologías y las tradiciones religiosas de varias culturas. Para los griegos, Deméter era la diosa de la tierra, la cosecha y la fertilidad. En la mitología nórdica, Frey era el dios del sol y la lluvia, que presidía las fuerzas vivificantes de la naturaleza. Por su parte, Freya era la diosa del amor y, en general, se asociaba con la vida vegetal y la tierra. El hinduismo considera que Pritiví es la diosa madre, representante de la fertilidad y la naturaleza. Para los antiguos celtas, Danu era la diosa ancestral de la tierra, mientras que Cernunnos se veneraba como el dios cornudo de los animales, los bosques y la fertilidad. Y, entre las distintas tribus indígenas del continente americano, hay muchos espíritus de la naturaleza, como los kachinas de los hopis o el espíritu de la tierra de los cheroquis. En la mitología azteca, Tláloc se considera el dios de la lluvia, el agua y la fertilidad, mientras que Xochiquétzal es la diosa de las flores y el amor. Para los antiguos incas, la Pachamama era la gran diosa de la tierra y se veneraba como la madre de todos. Cada una de estas deidades representa la miríada de maneras con las que creamos conexiones más profundas entre lo divino y el mundo natural, el vínculo sagrado entre el suelo y el cielo, las plantas y el agua que dan vida, y el gran milagro de la forma y la conciencia humanas.

David Reed · *Uluru/Ayers Rock at Sunset* Inglaterra · Fecha desconocida Dotado de significado espiritual para los aborígenes de Australia, Uluru se considera el ombligo del mundo, implícito en su historia de creación o «Tiempo del Sueño».

Bret Agre · *The Great Serpent Mound* · Estados Unidos · 2007 Creada por los pueblos indígenas de Norteamérica hacia 1070, la Gran Serpiente de Ohio es uno de los montículos-efigie más grandes del mundo.

Federico Faruffini · *El sacrificio de una virgen al Nilo*
Italia · **1865** Con un estilo romántico, Faruffini recrea el antiguo mito egipcio del sacrificio de una virgen en honor del Nilo para provocar la crecida de sus aguas. La crecida eran las lágrimas de Isis, que lloraba la pérdida de su amado Osiris.

(pág. 66) Caspar David Friedrich · *Acantilados blancos en Rügen* · Alemania · 1818 Friedrich pintó este cuadro tan alegórico y místico después de la visita de su esposa a los acantilados de tiza de Rügen. Cada detalle tiene un significado relacionado con la vida, tanto eterna como efímera.

(pág. 67) Tomás Sánchez · *Contempladores de cascadas* · Cuba · 1992 Practicante de la meditación como parte intrínseca de su vida y de su proceso creativo, el artista cubano realiza sus obras a partir de visiones y estados de conciencia superiores.

Siempre he sido muy sensible al territorio que me rodea. Al vivir en el norte de África, en Túnez y Cartago, crecí rodeada de historia. Tenía todas las ruinas romanas debajo de mí, y era muy consciente de lo que había en la tierra. Después, cuando llegué a Estados Unidos, viví en una colonia de artistas, 53 hectáreas de terreno con vistas al mar, y fue cuando hice mi primera obra efímera, que era una línea azul hasta el horizonte. Visualmente, parecía una cruz. Los materiales con los que he trabajado siempre, desde el principio de mi carrera, son naturales, y mis primeras obras estaban hechas con rocas y pigmentos. Cubrí las rocas de pigmento para transmitir la idea de que la luz está integrada en la materia. Cuando pongo el pigmento en las rocas, la idea es dejar al descubierto la luz que hay en el interior de la roca. Al principio, no quería nada artificial en mis obras, por eso empecé a utilizar solo rocas, rocas pulverizadas y pigmentos minerales. Después, a partir de ahí, me pasé al cobre por sus cualidades reflectantes y al oro por su iluminación, y, poco a poco, a otras cosas, como la performance y las películas. Siempre he tenido interés en recurrir a la geometría sagrada y al cuerpo para conectar todos estos puntos de convergencia con esos espacios del horizonte y con las propias estrellas. Mi primera obra consistió en trazar una línea hasta el horizonte y mi deseo de conectar de algún modo con dicho horizonte. Para mí, esa línea albergaba mucho anhelo. Más que nada, mi obra gira en torno a la conexión del cuerpo con el horizonte y, a partir de ahí, a la necesidad de armonizar el cuerpo con las estrellas. Para mí, cada una de las estrellas tiene una apertura distinta, un tipo de recepción diferente que obtienes de ella. En este sentido, los lugares sagrados, muchos de los cuales están astronómicamente alineados con los movimientos del cosmos, te permiten sentir ese anhelo de conexión de una manera profunda.

— LITA ALBUQUERQUE, artista y estudiosa, 2024

Autor desconocido · Secuoyas gigantes en el Stout Memorial Grove de California · Estados Unidos Fecha desconocida Erigiéndose cual guardianes del bosque con sus más de 100 metros de altura, hay quienes creen que las secuoyas son el resultado de mutaciones de personas y animales. Su color carmesí nos recuerda que todos tenemos la misma sangre.

TIERRA

Entro en un marjal como en un lugar sagrado, un sanctasanctórum. Ahí está la fuerza, el ápice de la Naturaleza.

— HENRY DAVID THOREAU, autor, filósofo e inquiridor, de *Caminar*, 1851 (esp. 2011)

Rica en sustento vital, las plantas y los árboles que nos nutren y nos protegen, la tierra es, prácticamente para todas las tradiciones espirituales indígenas, el reino de una antigua y fértil diosa madre. El suelo mismo se ve como un aspecto inherentemente elemental de todo culto y ritual. Muchos sistemas de creencias de este tipo consideran que la tierra representa temas de abundancia y fertilidad, y las ceremonias suelen centrarse en conectar y comulgar con el mundo natural. Los ritos se celebraban a tenor de las estaciones, según dictaban la siega y la siembra de la tierra, la plantación y la cosecha.

En la mitología griega, la tierra encarnaba lo femenino ancestral, un ser llamado Gaia que se consideraba una de las primeras deidades primordiales. En la cultura del antiguo Egipto, sus atributos eran masculinos y estaba encarnada por Geb, el dios de la tierra. En estos mitos, las deidades de la tierra suelen asociarse a dioses y diosas ctónicos, y el inframundo es un reino que forma parte de sus dominios (y es inherente a ellos). Los conceptos de la muerte y la reencarnación, de la semilla fría que se pone bajo tierra para que germine y brote, se integran en estas tradiciones a través de varios actos de culto. La leche o la sangre se derraman en un ritual y se ofrendan al suelo. En las tierras sagradas se interpretan danzas ceremoniales. Determinadas prácticas paganas modernas como la *wicca* asocian la tierra como elemento con el norte y el invierno (un momento de aislamiento y crecimiento interior, de arraigo y gestación), por lo que las ofrendas ceremoniales suelen enterrarse profundamente bajo tierra o ponerse en altares al aire libre construidos en terrenos santificados.

En el mundo también hay determinados lugares que muchas culturas y religiones consideran sacrosantos, a menudo asociados a momentos clave de las mitologías de las deidades o de las vidas (y las muertes) de los líderes espirituales. Por ejemplo, Bodh Gaya, en India, se considera el lugar más sagrado del budismo, puesto que se cree que fue allí donde Buda alcanzó la iluminación. Para los hinduistas, Benarés, también en India, es un espacio sagrado porque fue el lugar exacto donde se encontraban Shiva y Parvati en el origen de los tiempos. En Norteamérica, las Colinas Negras de Dakota del Sur son sagradas para muchas tribus indígenas, como los lakotas, los cheyenes y los arapajos; de hecho, las tierras de esta zona se consideran el centro del universo espiritual.

(pág. 72)
Joseph Stella · *Árbol de mi vida* · Estados Unidos · 1919 El artista italoestadounidense Joseph Stella fue uno de los exponentes del futurismo, el movimiento artístico que pintaba interpretaciones modernas de temas sagrados y espirituales, a menudo ambientados en paisajes y construcciones industrializados.

Joost de Momper II · *Paisaje antropomórfico* Flandes · Hacia 1600 Aunque Momper era más conocido por sus paisajes realistas de formaciones rocosas y laderas, los estilizaba más que sus contemporáneos, añadiendo elementos de fantasía a un estilo normalmente naturalista.

(pág. opuesta, arriba) Georgia O'Keeffe · *Pelvis con distancia* · Estados Unidos · 1943 Extraña visión surrealista de una perspectiva distorsionada de la cintura pélvica de un animal de la artista conocida por sus provocativas pinturas de flores, la obra pertenece a una serie de pinturas de pelvis.

(pág. opuesta, abajo) Paul Cézanne · *La montaña Sainte-Victoire con un gran pino* · Francia · Hacia 1887 La perspectiva privilegiada de la emblemática cordillera de caliza que tenía Cézanne desde su casa de Aix-en-Provence protagonizó muchas de sus pinturas.

P. Cezanne

PIEDRA

Hay vida en una piedra. Cualquier piedra de un campo o una playa guarda el recuerdo de dicho lugar. Percibes que las piedras han sido testigos de muchas cosas.

— ANDY GOLDSWORTHY, escultor, fotógrafo y artista ambiental, 2003

Desde el titileo de la luz de la hoguera que ilumina la ladera esculpida del peñasco hasta la formación de roca monolítica que brota de la hierba verde, desde los inmensos acantilados hasta las sencillas ofrendas ceremoniales hechas en un altar de cuarzo antiguo, la piedra, imperecedera y eterna, es un elemento más de los lugares sagrados y los rituales de todo el mundo. Están los antiguos templos de roca esculpidos a mano, el círculo de Stonehenge, las cabezas imponentes de la isla de Pascua o los exquisitos santuarios cubiertos de enredaderas de Camboya.

Las características formaciones de roca natural también se veneran desde hace tiempo en muchas culturas. Los colosales santuarios de piedra esculpidos por la lluvia y el viento suelen honrarse como dominios de los propios dioses, lugares donde se celebran ceremonias y ofrendas desde hace milenios. Están los acantilados de los dogones de Mali, África, considerados sagrados por su pueblo, con rocas adornadas con intrincadas imágenes que representan las creencias espirituales y cosmológicas de los dogones. En Qenqo, Perú, cerca de la ciudad de Cuzco, se cree que las formaciones de piedra minuciosamente tallada eran un importante espacio ceremonial para los incas, un lugar de culto y ritual.

La monumental elevación en forma de mesa del monte Uluru, o Ayers Rock, de Australia sigue teniendo un profundo significado espiritual para el pueblo indígena de los anangus. En Norteamérica, la Torre del Diablo (también conocida como la Guarida del Oso) de Wyoming es una formación de piedra que muchas tribus consideran sagrada desde hace mucho. Durante siglos, este lugar (como Uluru, una extraordinaria formación de piedra que emerge abruptamente de un paisaje relativamente llano y remoto) ha sido un punto de encuentro para la oración y la ceremonia.

Otro lugar sagrado tanto para los pueblos indígenas como para los inquiridores modernos es Sedona, en Arizona, en la vastedad del sudoeste de Estados Unidos. Aparentemente situadas sobre varias líneas ley y vórtices muy energéticos, las peculiares formaciones rocosas de color naranja tostado de la región destacan contra el cielo intensamente azul celeste, lo que se suma a la fascinación mística que despierta el lugar, que en el último siglo ha albergado a varias comunidades espirituales y *new age*.

Homer Sykes · ***El Stonehenge Free Festival en el solsticio de verano*** · **Canadá/Inglaterra** · **1979** En la década de 1970 y a principios de la siguiente, el yacimiento prehistórico celebraba un festival de música en el solsticio de verano que llegó a tener casi treinta mil visitantes y contó con las actuaciones de Hawkwind, The Raincoats, Dexys Midnight Runners y Jimmy Page, entre otros.

Frances Broomfield · *Avebury* · **Inglaterra** · **1983** Se cree que los druidas erigieron sobre líneas ley los tres círculos de piedra prehistóricos, del Neolítico, en el sudoeste de Inglaterra. Aún son un destacado lugar ceremonial pagano que, al parecer, mantiene una conexión astrológica con Stonehenge.

Martin Puddy · *La roca dorada de Kyaiktiyo al amanecer* · **Myanmar** · **Fecha desconocida** Se dice que la roca de Kyaiktiyo, que parece estar posada mágicamente al borde de un peñasco, desafía la gravedad gracias a un pelo de Buda, consagrado allí y coronado con una pagoda en su honor.

AGUA

El agua es la fuerza motriz de toda la naturaleza.

— LEONARDO DA VINCI, artista, inventor e inquiridor, 1501

Símbolo de lo sagrado femenino para muchas tradiciones paganas, el agua es la vida misma, la fuerza de sustento que nos nutre, tanto dentro como fuera del útero. Culturas de todo el mundo la consideran un elemento sagrado desde tiempos inmemoriales. Uno de los cuerpos de agua más importantes es el río Ganges de India, que, según los hinduistas, es sagrado y purifica el alma de quienes se bañan en él. Asimismo, se cree que el río es una diosa, Ganga, que bajó a la tierra para limpiar los pecados de la humanidad. Todos los años, millones de peregrinos viajan al Ganges para tomar un baño en sus aguas durante el festival hinduista Kumbh Mela.

Otro lugar acuático sagrado digno de mención es el pozo de Zamzam de La Meca, en Arabia Saudita. Es uno de los espacios más sagrados del islamismo, y se cree que lo descubrieron Hagar y su hijo Ismael, dos figuras bíblicas. Al agua del pozo se le atribuyen propiedades curativas, y también se utiliza en rituales religiosos, incluida la peregrinación de Hajj. El lago Titicaca, en la frontera de Perú y Bolivia, también se considera sagrado. Se cree que allí nació la civilización inca, y en sus islas hay antiguos templos y ruinas. Hoy día, los pueblos que viven cerca del lago siguen practicando costumbres tradicionales y rituales religiosos, incluidas ofrendas a los espíritus lacustres.

El río Jordán, en Oriente Próximo, es otro espacio relevante, considerado el lugar donde Juan el Bautista bautizó a Jesucristo. El lago Baikal de Rusia es el más profundo del mundo y un lugar sagrado para los buriatos, un grupo étnico mongol. Para ellos, el lago es un organismo vivo dotado de espíritu. Creen que es la fuente de toda la vida y un símbolo de la unidad del universo. Por último, el río Nilo de Egipto se considera sagrado desde la antigüedad. Los antiguos egipcios lo veían como la encarnación del dios Hapi, que les trajo fertilidad y prosperidad. La inundación anual de sus aguas era un acontecimiento importante del calendario religioso, y en sus orillas se construyeron muchos templos.

Las aguas sagradas de todo el planeta siguen teniendo una gran importancia cultural y religiosa, y cada espacio refleja una serie de creencias y tradiciones. Para muchos, visitarlas con veneración es el camino a la redención y a la sanación física y espiritual.

(anterior) Jeaneen Lund · *Embryo* · Estados Unidos 2012 Fotografiados en el entorno mágico del paisaje islandés, los elementos de agua, tierra y aire se combinan en esta imagen surrealista de la fotógrafa y directora afincada en California.

John William Waterhouse · *Las danaides* · Inglaterra 1906 Las danaides fueron condenadas para toda la eternidad a llenar con sus cántaros una tina sin fondo por matar a sus maridos. Solo se librarían de la condena cuando la tina estuviera llena.

Todd Weaver · *David Viz Malibu Nose Ride* Estados Unidos · 2021 A Weaver se le dan bien las olas y es aficionado a surfearlas. Contrasta sus motivos a través de la manipulación del color, las sombras, las dobles exposiciones y el difuminado, con lo que sus fotografías adquieren un resultado asombroso.

Marie-Dominique Siciliano · *Las gargantas de El Kantara en el sur de Argelia* · Italia Siglo XIX Un oasis considerado la puerta de entrada a los desiertos de Argelia, las gargantas de El Kantara son una de las paradas obligadas de las caravanas.

Joseph Stella · *Apoteosis de la rosa* · Estados Unidos 1926 Figura clave del futurismo, Joseph Stella era conocido por sus visiones expresivas de espacios y lugares emblemáticos, desde sus imágenes de la industrialización de Estados Unidos hasta sus exploraciones de imaginarios paisajes oníricos.

Maria Filopoulou *Nadadora bajo el agua* Grecia · 2002 La conexión con la naturaleza es propia de los entornos acuáticos, que aportan felicidad y calma sin esfuerzo. La artista refleja esta relación con el agua en sus obras que expresa sus experiencias en edenes acuáticos.

Boris Kustodiev · *Baño* Rusia · 1912 Kustodiev captura la belleza del espíritu humano libre abrazado por la naturaleza, pese a que su salud lo dejó parapléjico e incapaz de salir de su habitación. Su capacidad de mantener y expresar su don creativo fue notable y aparentemente indirecto.

(pág. opuesta) Julia Morgan · Piscina romana del castillo de Hearst Estados Unidos · 1927-1934 Las estatuas de deidades romanas y las lámparas de mármol y alabastro flanquean la piscina de mosaico de la mansión de 165 habitaciones. El castillo se construyó para exponer la colección de arte de William Randolph Hearst, que lo legó al Estado de California al fallecer.

CIELO

El cielo es el pan de cada día para la vista.

— RALPH WALDO EMERSON, escritor, filósofo e inquiridor, 1836

En las alturas, el cielo nos habla empleando un lenguaje complejo, desde el brillante despliegue de estrellas en la negrura de la noche hasta la tempestuosa y emotiva serie de fenómenos meteorológicos en los que la tormenta y el sol le confieren su elocuencia y su poder. Desde los albores de la humanidad, el reino celeste ha sido objeto de veneración, y culturas de todo el mundo han desarrollado intrincados sistemas de creencias relacionados con el movimiento y la influencia del cielo.

La civilización de los antiguos egipcios fue una de las primeras que creó una compleja mitología en torno al cielo, que consideraba una manifestación del dios Horus, una de sus deidades principales, a menudo representado como un halcón o un hombre con cabeza de halcón. En la tradición egipcia, se creía que los muertos renacían en el cielo, donde vivían junto a los dioses. Los griegos también veneraban el cielo, según ellos el dominio de Zeus. De acuerdo con la mitología griega, Zeus controlaba la meteorología y era responsable de los rayos, los truenos y otros fenómenos naturales. Esta adoración del cielo también se reflejaba en su arquitectura, puesto que sus templos solían incorporar tragaluces que simbolizaban la presencia divina del cielo.

En la antigua China, el cielo se adoraba como una poderosa fuerza a través de la filosofía tradicional del taoísmo. Esta doctrina considera que el cielo es uno de los tres dioses principales del universo, junto con la tierra y el agua. La civilización inca de Sudamérica también veneraba el cielo, que veía como el dominio del dios Inti, que representaba el sol. La cultura inca incidía en la importancia de Inti en todos los aspectos de la vida, con el sol como símbolo de poder y prosperidad. En Norteamérica, los navajos también adoraban el cielo a través del diné, su religión tradicional. Según el diné, el cielo era la manifestación de Diyin Dine'é, el dios responsable de crear y sustentar la vida en la tierra. La cultura navaja concede mucha importancia a la interconexión de todos los elementos de la naturaleza, y el cielo se considera un vínculo esencial en la compleja red de relaciones entre los humanos, los animales, las plantas y el planeta.

El cielo sigue dando forma a nuestras vidas y nuestro mundo de las maneras más profundas, y su influencia afecta al aire que respiramos, el movimiento de las mareas, las lluvias y el sol que nutre el rico suelo. A través de nuestra adoración de los cielos, a través de los mitos, la simbología y los rituales, rendimos homenaje a nuestra conexión integral con el misterio del propio universo.

Pál Szinyei Merse · *La alondra* · Hungría · 1882
Desnudo impresionista centrado en la comunión de la humanidad con la naturaleza en el que la mujer observa el vuelo de una alondra. El cielo y la tierra mantienen una conexión íntima con el cuerpo en este mítico paisaje onírico del artista húngaro.

Winslow Homer *Luz de luna* · Estados Unidos · 1874 Homer, conocido por su amor por el mar, plasmó repetidamente paisajes acuáticos en sus acuarelas. Expresó magistralmente la intensidad, la belleza y la espectacularidad en sus cotizadas marinas con el cielo abierto reflejado en sus aguas.

Vincent van Gogh *Campo de trigo con cipreses* · Países Bajos 1889 Los cielos psicodélicos de las pinturas de Van Gogh rebosan color y efectismo. Se ha indagado mucho sobre la intención de estos cielos evocadores y dimensionales. En medio se alzan los cipreses entre el trigo que veía desde su habitación del psiquiátrico de Saint-Rémy.

(pág. opuesta) Étienne Léopold Trouvelot · *Parte de la Vía Láctea* · Francia · 1881-1882 En la Luna y Marte hay cráteres llamados Trouvelot, quien, tras presenciar una aurora boreal, abandonó su carrera de entomólogo para dedicarse a la astronomía y al arte. Realizó más de 7000 ilustraciones de sus observaciones astronómicas. Aunque tenían carácter científico, sus obras resultan fascinantes.

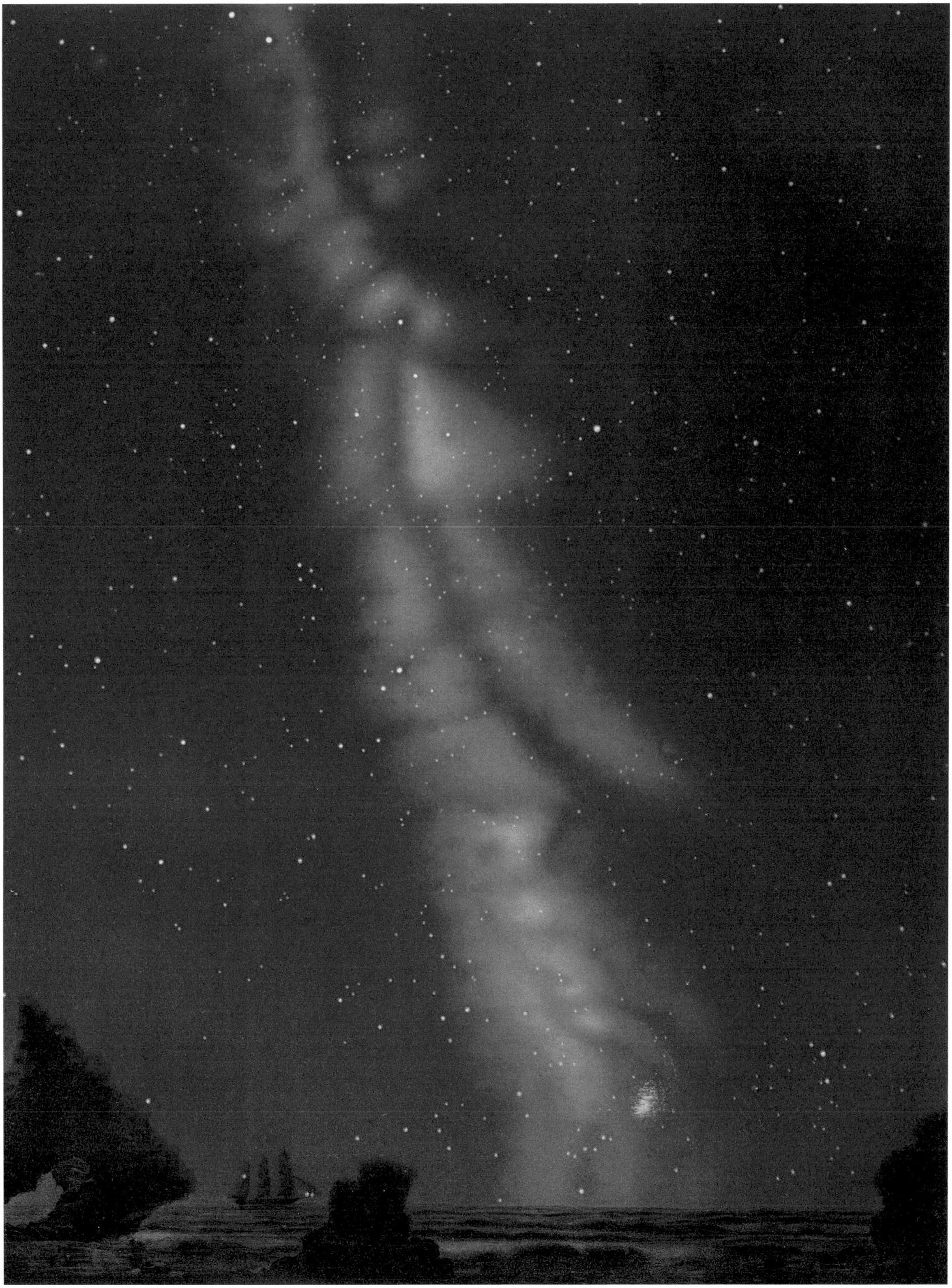

MONTAÑAS

Escala montañas y percibe sus buenas vibraciones. La paz de la naturaleza fluirá hacia ti como la luz del sol fluye hacia los árboles. Los vientos te infundirán su frescura, y las tormentas, su energía, mientras las preocupaciones irán cayendo cual hojas en otoño.

— **JOHN MUIR**, escritor y naturalista, de *Our National Parks*, 1882

En mitologías de todo el mundo, la montaña suele ser el reino de los dioses. En la antigua Grecia, se creía que las deidades más importantes vivían en el monte Olimpo, mientras que en muchas otras culturas las imponentes cumbres a menudo se veneran como símbolos de fuerza, resistencia y poder espiritual. En lo alto de los Alpes suizos, el monte Cervino fue durante mucho tiempo una montaña sagrada para los paganos precristianos, que lo consideraban la morada del dios del trueno. De hecho, creían que las nubes que a veces envolvían sus picos eran su aliento.

Desde las elevaciones rocosas y los acantilados hasta el encuentro de la tierra y el cielo, las montañas sagradas aparecen en la narrativa mítica y en las escrituras y enseñanzas de las principales religiones. El Kailash del Tíbet, por ejemplo, es la montaña más sagrada del mundo para cuatro religiones: el hinduismo, el budismo, el jainismo y el bon. Se considera la morada del dios Shiva y la fuente del poder espiritual y la iluminación. Peregrinos de todo el mundo acuden al Kailash para llevar a cabo el *kora*, una circunvalación ritual de la montaña. En Egipto, el monte Sinaí también tiene connotaciones sagradas para muchas religiones, en especial el judaísmo y el cristianismo, puesto que se cree que fue donde Moisés recibió los Diez Mandamientos.

El monte Fuji de Japón también se considera una montaña sagrada, en este caso relacionada con la diosa sintoísta Sengen-Sama, que se cree que vive en su cumbre. Los budistas también veneran el monte Fuji, al que se han realizado muchas peregrinaciones espirituales a lo largo de la historia. En Hawái, el Mauna Kea es sagrado para los nativos, quienes lo ven como el reino de las deidades y lo veneran por su significado espiritual. En Norteamérica, se cree que el monte Shasta del norte de California es un poderoso centro energético, un lugar sagrado para muchos pueblos indígenas, como los shastas, los karuks y los modocs, que lo asocian con el poder espiritual, símbolo tanto de la fuerza como de la transformación.

Para innumerables mitologías y religiones de todo el mundo, la montaña es sacrosanta, un puente entre los reinos terrenal y espiritual. En muchas culturas globales, estos picos escarpados ofrecen una conexión con un poder superior, con las deidades y las divinidades. Nuestros antepasados creían que, si se recorría el largo camino que llevaba a la cima de una montaña, se llegaba al otro mundo.

Caspar David Friedrich · ***El caminante sobre el mar de nubes*** · **Alemania** · **1818** En lo alto de unas cumbres rocosas, con un denso mar de niebla a sus pies, un hombre parece contemplar lo desconocido. En sus panorámicas alegóricas, Friedrich solía incluir un elemento humano simbólico para representar el extraordinario poder de la naturaleza sobre la frágil comprensión que de ella tiene la humanidad.

Penny Slinger · *Journeys End* · Inglaterra/Estados Unidos · 1976-1977 Las cimas de las montañas abundan en una serie de *collages* tántricos del libro *Mountain Ecstasy*, con la intención de redefinir la pornografía como algo sagrado e impersonal, un derecho humano y un camino a cotas espirituales.

Lawren S. Harris *Mount Robson* · Canadá Hacia 1929 El pico más alto de las Rocosas canadienses al estilo moderno de Harris, teosofista y parte del Grupo de los Siete, es una de las muchas representaciones que hizo de estos paisajes inhóspitos.

(pág. opuesta) Edward S. Curtis · *Tewa con el pecho desnudo en un acantilado* · Estados Unidos · 1927 Un indio tewa ofrece harina de maíz en un ritual en la montaña. Curtis fotografió a muchos indios mientras practicaban ceremonias, rituales y alianzas con la naturaleza para dejar constancia de su importancia cultural, que la ignorancia angloamericana ignoró y borró del mapa.

BOSQUES Y ARBOLEDAS

Parecía absolutamente obvio que la iglesia de la tierra fuera la más grande de todas. Que el templo del bosque fuera el templo supremo.

— JOHN P. MILTON, escritor y profesor de meditación, de *Sky Above, Earth Below*, 1999

En todo el mundo, los bosques se veneran desde tiempos inmemoriales como lugares sagrados y, de hecho, muchas tradiciones indígenas y paganas creen que los árboles tienen poder espiritual. Para los antiguos celtas, el roble era sagrado y un símbolo de fuerza, resistencia y sabiduría. Antiguamente, en Europa, el árbol de hoja perenne se vinculaba con la inmortalidad y la reencarnación, y su asociación con la Navidad se habría adoptado e integrado en la festividad cristiana desde sus primeras raíces en las tradiciones paganas del norte de Europa.

El concepto del bosque como un lugar sagrado que está dotado de espíritu y emana energía es propio de muchas culturas de todo el mundo. En el Amazonas, la selva tropical más grande es sagrada para muchas comunidades indígenas de Sudamérica. Sus complejas mitologías reconocen el bosque como una potente fuente de vida y sustento. La selva de Hoh, en Norteamérica, se considera sagrada para los quileutes. Como su morada ancestral, esta tribu indígena cree que la selva no solo tiene poderes curativos para heridos y enfermos, sino que en ella habitan los espíritus de sus antepasados. En Japón, los bosques de cedros de la región de Kumano se consideran sagrados desde tiempos pretéritos. Se cree que las deidades viven en estos árboles y se invita a los visitantes a rezar para atraer la buena suerte y las bendiciones. Además, cuenta con el camino de peregrinación Kumano, considerado uno de los más sagrados de Japón.

En Uganda, África, la selva impenetrable de Bwindi es sagrada para los batwas, que han sido sus guardianes durante siglos y dependen de ella para buscar comida y remedios curativos y celebrar sus tradiciones culturales. La selva de Daintree, en Australia, es sagrada para los kuku-yalanjis, los aborígenes que viven en ella desde hace más de 50 000 años. Según sus mitos y leyendas, la selva es su antepasado y todos los seres vivos que la habitan están dotados de espíritu.

Los árboles y los bosques, con su transformación mágica del dióxido de carbono en oxígeno, sus sistemas de raíces laberínticos y la monumental expansión de sus ramas (no solo para sustentar y nutrir todas las formas de vida de la tierra, sino también como fuentes de inspiración espiritual), son objetos de culto y veneración para muchas culturas del mundo.

Gustaf Wilhelm Palm · ***Estudio de cipreses*** · **Suecia 1843** El lúgubre árbol de la sabiduría popular, consagrado a Diana y Apolo, es un símbolo habitual en el arte, como en el paisaje realista de Palm dedicado al árbol de la vida y la muerte.

Claude Monet · *Olivar en el jardín de Moreno* **Francia · 1884** Con permiso escrito de los Moreno, Monet visitó los jardines que inspiraron muchas de sus pinturas de olivos. Al dividirse la propiedad, una pequeña parte de la zona pública se bautizó con el nombre del artista.

Autor desconocido *Radha y Krishna abrazados en una arboleda en flor* · **India · Hacia 1780** A menudo pintados en una arboleda en flor como símbolo de su unión, Radha y Krishna manifestaban su amor bajo los árboles kadamba de dulce aroma. Representan la unión divina entre el yo individual y el universal.

(pág. opuesta) **Autor desconocido** · *Paisaje místico* · **Irán · 1398** El Imperio timúrida de Irán y Asia central destacó en el arte y la arquitectura como parte de una identidad nacional muy creativa. Esta miniatura timúrida pertenece a una colección de poesía persa. Los pintores eran grandes maestros que estaban muy bien considerados.

Charles E. Burchfield
Jardín de la infancia
Estados Unidos · 1917
La fantasía, los recuerdos y el misticismo se adueñan de la escena natural en la que confluyen la aciaga oscuridad y los rayos del cielo. Con relación al proceso de creación, Burchfield dijo: «Estar dentro de un edificio cerrado al exterior a veces hace que el exterior resulte más vivaz».

(pág. opuesta, arriba) Eyvind Earle · *Niebla en el bosque oscuro* · Estados Unidos · 1992 Earle, artista de Disney, plasmó la fascinación que sentía por la majestuosidad y el poder de los bosques con una acertada síntesis artística sumamente estilizada.

(pág. opuesta, abajo) C. W. Röhrig · *Robledo* Alemania · 1984 La destrucción forestal inspiró la serie de escenas boscosas de Europa central de Röhrig. Muchas de sus obras se basan en la sensibilización por el medio ambiente y las especies amenazadas.

CUEVAS Y GRUTAS

La cueva misma en la que temes entrar resulta ser la fuente de lo que estás buscando.

— JOSEPH CAMPBELL, escritor, mitólogo e inquiridor, de *Reflexiones sobre la vida*, 1991 (esp. 1997)

Tal vez los primeros lugares espirituales, que ofrecían cobijo y protección a nuestros antepasados, las cuevas y las grutas hace mucho que se consideran sagradas en muchas culturas. En algunas mitologías, se ven como un canal entre lo físico y lo espiritual, un camino místico entre ambos mundos. Para casi todos los sistemas de creencias, las cuevas y las grutas oscuras, misteriosas y uterinas siguen siendo importantes, aún hoy, como destinos para el ritual y la peregrinación.

En Israel, la gruta de la Santa Cruz, que se encuentra en el interior de la iglesia del Santo Sepulcro de Jerusalén, sigue siendo un popular lugar de peregrinación cristiana, donde se cree que Jesús fue crucificado y enterrado y donde, posteriormente, resucitó. La gruta de la Natividad, en Belén, situada en una cueva bajo la iglesia del mismo nombre, también es un lugar sagrado, donde nació Jesús según los cristianos. Y, en la isla de Patmos, en Grecia, la gruta del Apocalipsis se considera el lugar donde San Juan Evangelista tuvo las visiones que inspiraron el Libro de la Revelación.

Al otro lado del planeta, en Malasia, las antiguas cuevas de Batu siguen siendo un santuario consagrado al dios hindú de la guerra.

En India, las cuevas de Ajanta son uno de los espacios budistas más importantes del mundo. El vasto recinto formado por numerosas cuevas de roca tallada podría remontarse al siglo II a. C. Lugar de peregrinación espiritual desde tiempos ancestrales, las paredes de Ajanta están cubiertas de elaboradas obras de arte, adornadas con intrincados murales y pinturas. Para los maoríes de Nueva Zelanda, las cuevas de Waitomo son sagradas. Están habitadas por miles de luciérnagas que emiten una tenue luz azul que, según los maoríes, son los ojos del dios del inframundo.

En la gruta de Lourdes, en Francia, multitud de peregrinos católicos acuden al santuario de Nuestra Señora de Lourdes, donde la Virgen María se apareció a Santa Bernadette en 1858. En España, la cueva prehistórica de Altamira alberga unas de las pinturas rupestres más antiguas del mundo, que se remontan al Paleolítico, hace casi 36 000 años. Aquí, las antiguas obras de arte jalonan las escarpadas paredes rocosas con dibujos de animales finamente delineados y siluetas de manos humanas dibujadas delicadamente con carbón, una prueba tal vez de que el deseo de crear, comunicar y dejar nuestra huella en el mundo era tan profundo entonces como lo es ahora.

Pablo Picasso · ***Minotauro y yegua muerta delante de una cueva frente a una niña con velo*** · **España 1936** Se trata de una de las obras de la Suite Vollard, una serie de grabados por encargo, con la emblemática figura del minotauro tan habitual en las pinturas de Picasso.

Autor desconocido · Vista de las cuevas de Qumrán Israel · Fecha desconocida En 1947, en unas cuevas del desierto bíblico de Judea, cerca de las costas del mar Muerto, se descubrieron unos manuscritos de 2000 años de antigüedad. Un pastor los encontró por casualidad dentro de unas jarras de arcilla.

Simon Quaglio *Astrafiammante, la Reina de la Noche, de* La flauta mágica *de Mozart* Alemania · 1818 En la escenografía de la querida y compleja ópera, llena de simbolismo masónico, la reina aparece atronadoramente en una cueva bordeada de estrellas, vestida del cielo nocturno y montada en una luna creciente.

Todd Weaver Fotografía del escenario de *Move My Blood* · Estados Unidos · 2022 Dirigida por Maximilla Lukacs y coreografiada por Jennifer Rose, la película rodada en la cueva de Drogarati de Cefalonia, en Grecia, explora el mito de la diosa Circe a través de un espectáculo teatral de danza.

(pág. opuesta) Edward John Poynter · *La cueva de las ninfas de la tormenta* · Inglaterra · 1903 Las míticas grutas subterráneas eran un tema recurrente en las obras del artista. Poynter plasma la diversión y la indolencia de las sirenas, que languidecen en su cueva mientras los marineros encuentran su final.

(págs. 102-103) Nikolái Roerich · *Lo más sagrado (Tesoro de la montaña)* · Rusia · 1933 La obra del pintor, poeta, místico y pacifista Roerich se inspira en sus expediciones a los Himalayas. Una cueva sagrada de seres ceremoniales rodeada de cristales evoca los auténticos tesoros que oculta en su interior.

EL MOVIMIENTO COMO RITUAL

Festivales del espíritu

La danza es el lenguaje oculto del alma.

— MARTHA GRAHAM, bailarina y coreógrafa, 1935

El peregrino se abre camino a través de tierras sagradas, en un recorrido lento y ancestral a lo largo de kilómetros de carretera para rendir tributo al lugar sagrado elegido. Los ancianos bailan en el altar, la aldea se arremolina en círculos para celebrar la llegada de la primavera, nuestros cuerpos en pleno movimiento son una de las expresiones más antiguas de todo culto espiritual. El baile puede ser un método de alabanza en ceremonias religiosas y rituales, una manera de expresar devoción, gratitud y veneración a la deidad. En muchas culturas, la danza se considera una manera de entrar en contacto directamente con los reinos divinos o espirituales. A través del movimiento, el ritmo y la expresión, los bailarines tratan de comunicarse con poderes superiores, deidades o antepasados, con lo que el baile se convierte en una forma de oración u ofrenda.

En otras tradiciones, el camino de peregrinación se considera un antiguo método de culto en movimiento, en que los devotos viajan a lugares sacrosantos remotos. En el mundo hay muchos lugares de peregrinación que aún conservan un significado religioso y cultural. Uno de los más conocidos es La Meca, en Arabia Saudita, donde está la Kaaba, el lugar más sagrado del islamismo y el destino de millones de musulmanes que cada año realizan la peregrinación del Hajj. En India, Benarés, también llamada Kashi, es una de las ciudades habitadas permanentemente más antiguas del mundo y un destacado lugar sagrado para el hinduismo. Situada a orillas del río sagrado Ganges, congrega a millones de personas que acuden a adorar a los dioses hinduistas. En el Tíbet, la ruta de peregrinación de Kailash Mansarovar Yatra, que se hace cada año y rodea el monte Kailash y el lago Mansarovar, es importante para el hinduismo, el budismo y el jainismo. Lumbini, en Nepal, considerada la ciudad natal de Buda, el fundador del budismo, es otro sitio que atrae peregrinos budistas de todo el mundo que acuden a presentar sus respetos al templo sagrado de Mayadevi. En Japón, la ruta de peregrinación budista de Shikoku rodea la isla homónima y comprende 88 templos relacionados con el monje Kukai, también conocido como Kobo Daishi.

Edward Steichen · ***Isadora Duncan en el Partenón*** **Estados Unidos** · **1921** Para Isadora Duncan, viajar a los rincones de la antigua Grecia y bailar en ellos era una peregrinación espiritual. Embelesada por el arte, la arquitectura y la filosofía de la antigua tradición, su movimiento se veía extático en la Acrópolis, donde se fusionaba con el espíritu del lugar.

La ciudad de Jerusalén es sagrada para numerosas tradiciones espirituales, como el judaísmo, el cristianismo y el islamismo. En ella se encuentran lugares como el Muro de las Lamentaciones, la iglesia del Santo Sepulcro y la mezquita de Al-Aqsa. En España, Santiago de Compostela es el destino final del Camino de Santiago, una ruta de peregrinación que los cristianos realizan desde hace siglos. El Camino de San Francisco, una ruta de peregrinación italiana que sigue los pasos de San Francisco de Asís, empieza en Florencia y termina en Roma, pasando por varias localidades relacionadas con la vida del santo.

El movimiento y el baile sagrados también se integran en el culto de distintas tradiciones religiosas de diferentes culturas el mundo. Los sufíes son conocidos por sus derviches giróvagos, que practican una forma de meditación y devoción que consiste en dar vueltas para alcanzar estados de éxtasis religioso. El *hula* es un baile tradicional hawaiano que comprende tanto la expresión narrativa como espiritual, combinando movimientos del cuerpo, de las manos y de los pies con cantos y música, a menudo interpretado para rendir tributo a las deidades o representar historias mitológicas. El *bharatanatyam* es un baile tradicional originario del Estado de Tamil Nadu, al sur de India. Sus raíces se remontan a los antiguos templos, y se considera una forma de oración y una ofrenda a los dioses. El intrincado juego de pies, los gestos expresivos y los movimientos de las manos lo convierten en un baile sagrado muy venerado.

Éric Lafforgue · *Danza de las mujeres gabras* · Kenia 2023 En el desierto de Chalbi, las mujeres gabras bailan en una fiesta celebrada en el lago de Turkana, en Loyangalani. Los gabras son una tribu cusita nómada que vive cuidando camellos y cabras en el norte de Kenia y en las tierras altas del sur de Etiopía.

Michael P. Smith · *Larry Bannock, Big Chief, Golden Star Hunters* · Estados Unidos · 1982 Célebre por sus evocadoras y sublimes fotos de acontecimientos culturales y espirituales de Nueva Orleans, Smith captura bailes, cantos y ropas ceremoniales de los indios del Martes de Carnaval en todo su esplendor.

En África, los bailes de máscaras Egúngún forman parte de las prácticas religiosas y culturales de los yorubas. Los bailarines enmascarados encarnan los espíritus ancestrales, y se dice que sus movimientos conectan con el plano espiritual. Estos bailes suelen realizarse en las ceremonias religiosas y los funerales para rendir tributo a los antepasados. En el budismo tibetano, los *cham* son bailes de máscaras vibrantes y llenos de color que interpretan los monjes con ocasión de varios festivales religiosos. Estas danzas representan enseñanzas, acontecimientos históricos e historias mitológicas budistas. El *kathak* es otro baile espiritual tradicional originario de los templos del norte de India que se caracteriza por el rápido juego de pies, los intrincados ritmos y la narración a través de mímica y gestos.

La danza también es una parte importante de rituales, celebraciones y ceremonias paganos, y suelen reflejar una profunda conexión con la naturaleza, lo divino y las creencias espirituales de sus practicantes. En muchas tradiciones, el culto devoto se representa con bailes rituales y sincronizados, como las doncellas que rodean el mayo, una tradición que se remonta a los orígenes de las culturas germánica y celta.

Ben Edge · *The Green Man of Bankside and October Plenty* · Inglaterra · 2019 Edge pinta una versión del Hombre Verde que fusiona su papel en la Duodécima Noche de Bankside, una ceremonia de año nuevo, y en la fiesta de la cosecha, o celebración de la abundancia, de otoño.

Considerado un rito de fertilidad precristiano que se practicaba para que hubiera una buena cosecha, solía interpretarse durante el Beltane, un festival celta que se celebraba el primero de mayo, que también se asocia con el festival del fuego que señala el comienzo del verano. Los bailes alrededor del mayo y de hogueras, así como otras celebraciones, suelen formar parte de los festivales *wiccanos* del Beltane.

El movimiento y la danza siguen siendo una forma de expresión sagrada. En el siglo XX, la llegada del baile moderno transformó la rígida formalidad del *ballet* y otros tipos de baile consolidados. La danza moderna, cuya pionera fue la coreógrafa estadounidense Martha Graham, se caracteriza por las técnicas innovadoras y la expresividad del movimiento. Graham creó técnicas que giraban en torno al uso de la contracción y la liberación para expresar emociones e ideas, y su coreografía solía explorar temas de la mitología, la psicología y la experiencia humana compartida. En el convulso Japón de la posguerra, en la década de 1950, el coreógrafo Tatsumi Hijikata y el bailarín Kazuo Ohno crearon el baile vanguardista *buto*. Con temas relacionados con la oscuridad y la transformación, el *buto* suele incorporar elementos de ritual e improvisación en las interpretaciones.

El movimiento es uno de los recursos más poderosos para conectar con otras personas y con nuestro cuerpo. A través del movimiento y la expresión, los bailarines buscan sanación espiritual, empoderamiento y crecimiento interior, y usan el baile como una herramienta para la transformación personal y colectiva.

Bartolomeo Giuliano · *Las hadas* · Italia · 1906
De la colección de las Gallerie d'Italia de Milán, la obra clásica de Giuliano evoca un lugar místico de mitología y fantasía, ambientado bajo un cielo a la luz de la luna y con hadas y ninfas que danzan sobre el agua.

Nicholas Kahn y Richard Selesnick · *The Lesson of the Maypole* · Estados Unidos · 2019 En la imagen, que forma parte de la serie «Madame Lulu's Book of Fate», los peculiares personajes que participan en la danza del mayo van completamente vestidos con hojas y flores.

Bihzad · *Derviches danzando,* folio de un ejemplar del Diván de Hafez · Irán · Hacia 1480 La danza de los derviches es parte del Sema, la ceremonia mística sufí en que los hombres trascienden el ego mediante el movimiento circular continuo, que los lleva a estados de trance para conectar con Dios.

(pág. opuesta)
Marcella Blood
La danza del mayo
Estados Unidos · 1920
Lo que empezó como un ritual de fertilidad, con jóvenes que bailaban formando un tapiz simbólico de unión y comunidad, sigue practicándose en todo el mundo de acuerdo con las distintas tradiciones. La artista optó por pintar un salón de baile, con la representación del cortejo sobre planchas de grabado con pintura al temple.

(págs. 116-117)
Joan Miró
El carnaval del Arlequín
España · 1925
Un híbrido de arlequín y guitarra con expresión triste y un agujero en la barriga podría ser una metáfora del estado de pobreza en el que estaba sumido Miró cuando pintó el cuadro. En esta obra llena de simbolismo, según el artista la escalera representa la huida, la evasión y la elevación que define la obra, puesto que muchos de los objetos parecen estar en movimiento.

El estudio de montaña de los Halprin era un laboratorio de investigación del movimiento y el arte que exploraba la cuestión del entorno/la ubicación/el espacio como parte esencial del proceso artístico y la vida misma. Mi abuela, Anna Halprin, formaba parte del movimiento Fluxus y estudió cómo el material de nuestras vidas y nuestros movimientos cotidianos eran coreografías de danza. Mi abuelo, Lawrence Halprin, era diseñador. Construyó la plataforma de baile y el estudio para mi abuela. Era la confluencia del baile y el diseño, un matrimonio con una profunda colaboración creativa. En la plataforma, los bailarines se convirtieron en exploradores; los que no eran bailarines, en bailarines; los que no eran artistas, en artistas; los poetas cantaban, y los músicos bailaban. En definitiva, un torbellino de creación. La naturaleza se convirtió en el escenario y los ritmos del entorno, el espíritu de la exploración artística. Para mi abuela, que había estado en Nueva York, en Broadway, y con Martha Graham, había que desacralizar el escenario y el arco del proscenio y sacralizar la naturaleza y el cuerpo. Había que dar importancia a cómo nos sentimos cuando bailamos y ver lo que podemos transformar y transmutar a través del baile. Los artistas participantes sufrieron una transformación a raíz del movimiento, del encuentro del mundo interior con el paisaje exterior, iluminados por el arte y el entorno como proceso. El estudio de montaña era un lugar de intención y atención en el que, con solo entrar, se abría un canal. Me interesa explorar este espacio liminal, el punto intermedio, el espacio de transición en mi obra. El tiempo que pasé con mi abuelo fue el que me dio más conocimientos en este sentido. Como arquitecto paisajista, estaba relacionado con lo liminal y nuestra transición a través del espacio abierto. Me enseñó a mirar profundamente, a fijarme en los detalles, a estudiar la naturaleza y observar cómo evoluciona y, después, a ponerlo negro sobre blanco para encontrar el modo de documentarlo, interpretarlo y expresarlo. Mi abuela me enseñó a mirar dentro de mí, a sentir el cuerpo en su núcleo y a mover, mover lo que necesita moverse y que es material para la creación artística. Juntos, me enseñaron a activar esos espacios externos e internos y a ver el punto en el que pueden integrarse, para que, después, podamos volver a ver dónde estamos todos conectados.

— RUTHANNA HOPPER, artista y bailarina, 2024

Miró.
1924-25.

(pág. opuesta) Autor desconocido · Danza ***buto*** **· Japón · Fecha desconocida** La muerte y la agonía son temas clave en este controvertido baile vanguardista. Creada por Tatsumi Hijikata y Kazuo Ohno a finales de la década de 1950, esta exploración del movimiento moderno se basa en las consecuencias de los bombardeos nucleares y el horror y el dolor del Japón de la posguerra.

Laurie Lewis · ***Iphigenie auf Tauris*** **· Inglaterra 2010** Pina Bausch actualiza la ópera de Gluck ambientada en la isla de Táuride. Hija del rey y la sacerdotisa del templo, Ifigenia se apiada de dos hombres capturados por la diosa Diana. Al liberarlos, descubre que uno es su hermano.

Ron Wertheim Fotograma de ***Invitation to Lust*** **· Estados Unidos 1968** Con la ayuda de un afrodisíaco, una secuencia de una danza de culto orgiástica y ritual crea hallazgos científicos en interés de la humanidad, del director de cine erótico de bajo presupuesto.

Tristram Kenton *La consagración de la primavera* · Inglaterra 2008 La compañía de danza de Pina Bausch moderniza el *ballet* de Ígor Stravinski de 1913.

(pág. 122, arriba) John Lindquist · *Alvin Ailey en Jacob's Pillow* Estados Unidos · Hacia 1961 Ted Shawn y Ruth St. Denis compraron un lugar de retiro en los Berkshires, lo que inició una nueva era de la danza y rompió esquemas sobre la imagen de los bailarines masculinos. Revolucionaron el baile en Estados Unidos con la concepción de un modelo multicultural que desafió los estándares europeos del *ballet*.

(pág. 122, abajo) Barbara Morgan *Martha Graham, carta al mundo (Kick)* · Estados Unidos · 1940 Con su comprensión intuitiva de la danza como una «elocuente fuerza vital», Morgan quería crear esperanza durante la Gran Depresión, esforzándose en fortalecer el espíritu a través del movimiento.

Autor desconocido · Pareja bailando en el Savoy Ballroom · Estados Unidos · 1947 Considerado el alma de Harlem en su época dorada, el salón de baile era un espectáculo de sonido y animación. El ambiente del Savoy hizo florecer la música y el baile de *jazz*.

(siguiente) Jacques Torregano · *Santería* · Francia 1992 Un desfile de bailarines en Cuba rinde tributo a las *orishas* Oshún y Yemayá, diosas de la tradición de la santería, mediante el baile y los disfraces. Los bailarines encarnan a las deidades, convencidos de que ciertos movimientos inducen a la comunicación.

Warner Jepson · ***Anna Halprin's «The Branch»***
Estados Unidos · **1957** A las afueras de San Francisco, en su finca situada en la ladera de una montaña, la bailarina Halprin y su marido, que era arquitecto, construyeron una plataforma de baile de cuyas tablas brota una rama. Con un trabajo basado en la «experiencia de la sensación», los cuerpos hacen una coreografía y se entrelazan con la rama, aprovechando el espacio negativo entre los bailarines y la conexión con el entorno exterior.

Autor desconocido
Bailarines con máscaras *kanaga* · Mali · 2006
La tribu de los dogones del norte y el oeste de África conmemora y honra a los muertos en la ceremonia Dama, en la que llevan una máscara que simboliza un ave denominada kommolo tebu. Toda la aldea participa en la celebración, en la que lucen las máscaras *kanaga* de la familia.

Tawaraya Sōtatsu
***Danza bugaku* (detalle)**
Japón · 1630 El artista budista Sōtatsu, pintor de paneles de papel y puertas, ilustra la danza dramática que, tradicionalmente, se interpretaba solo para la corte imperial acompañada de música *gagaku*. Las batallas históricas, la mitología y las narraciones budistas definen el baile.

Henri Matisse
La danza · Francia
Hacia 1910 *La danza* es una de las dos entrañables obras encargadas por el mecenas de arte ruso Serguéi Shchukin, en la que se plasma la alegría incondicional al juntarse los cuerpos en un movimiento liberador e intuitivo, aparentemente guiado por la fuerza cósmica inconsciente y desinhibida.

(pág. opuesta)
Autor desconocido
India americana bailando con aros
Estados Unidos · 2000
Como símbolo del círculo de la vida y del núcleo de toda forma de vida, la siux Jasmine Pickner actúa en el décimo campeonato anual de baile con aros de Phoenix, Arizona. Los bailarines utilizan hasta treinta aros para presentar sus respetos al carácter sagrado de la creación.

Autor desconocido
Pintura en miniatura de Ganesh · India
Fecha desconocida
El dios elefante de cuatro brazos en una alegre pose danzarina bendice al artista. Los devotos suelen invocarlo antes de emprender nuevos proyectos.

Inatace Alphonse
Baile multitudinario
Haití · Siglo XX
En el óleo sobre lienzo de Alphonse, una cantidad ingente de haitianos baila por una calle sinuosa durante una celebración. Su obra suele ilustrar escenas de interacción humana alegre y de exploración positiva del espíritu de la comunidad.

Co
LA
Vie
0.20

Autor desconocido · *Peregrinación*, de una historia de peregrinaciones de las monjas de Sion
Siglo XVII Pintada sobre vitela, esta obra ilustra la ruta de peregrinación que recorrieron las monjas de Sion en Portugal. Hoy, el cuadro forma parte de las colecciones del castillo de Arundel, en Inglaterra.

Katsushika Hokusai
Subiendo el Fuji · Japón
1830 Parte de la serie «Treinta y seis vistas del monte Fuji», esta xilografía ilustra la peregrinación a la montaña sagrada, considerada la morada de las divinidades. Los devotos que suben hasta la cima purifican sus pecados.

Autor desconocido
Plañideras · Egipto
Hacia 1370 a. C. En esta escena del cortejo fúnebre pintada en la pared de la tumba de Ramose, en el valle de los Nobles, un grupo de mujeres afligidas llora la pérdida del gobernador de Tebas.

Min Wae Aung · ***Towards Monastery* 7** · **Myanmar 2017** Unos monjes budistas se dirigen a su lugar de culto, dejando atrás lo que causa sufrimiento a la humanidad. Van felices en procesión. Cuando el artista representa aspectos culturales y espirituales de su país, raramente plasma los rostros de los monjes.

Lita Albuquerque · ***Spine of the Earth*** · **Estados Unidos** · **2012** Trescientas personas vestidas de rojo formaron la escultura performativa del movimiento de una columna. La fila de participantes bajó 287 escalones para poner en movimiento la columna y darle profundidad en medio del paisaje.

TEMPLOS DE LA CARNE

Devoción por el cuerpo

Reverenciad el cuerpo como templo a la hermosura y santificad el corazón como sacrificio al amor. El amor recompensa a los adoradores.

— KHALIL GIBRAN, de *The Vision*, 2020

Tal vez la tradición espiritual más antigua que existe sea la del cuerpo como templo, el culto devoto en el altar del útero. En todo el mundo hay lugares sagrados construidos en honor de los dioses de la fertilidad, el nacimiento y la buena cosecha, desde la prehistoria hasta las tradiciones paganas, y en mitologías y en religiones de todo el mundo. La santa madre o el proveedor paternal, estos son los arquetipos inherentes a todas las facetas del viaje humano compartido.

El templo de Artemisa de Éfeso, en la Turquía actual, estaba consagrado a la diosa griega Artemisa, que se asociaba con el parto y la naturaleza. En Egipto, el templo de Isis de File, situado en una isla del río Nilo, estaba consagrado a la diosa Isis, conocida por su asociación con la fertilidad, la maternidad y la magia. Isis solía representarse como un potente símbolo del poder femenino y fue crucial para garantizar la fertilidad tanto en el territorio como en su pueblo. Los nórdicos veneraban a Freya, la diosa del amor, que también se asociaba a la fertilidad femenina.

Al otro lado del charco, en el México actual, en la antigua ciudad mesoamericana de Teotihuacán, se erigen varias construcciones que podrían tener relación con el simbolismo de la fertilidad. Las pirámides del Sol y de la Luna se consideran lugares sagrados asociados con la fertilidad y los ritos agrícolas. En Ecuador, la cueva de los Tayos era sagrada para las tribus indígenas y cuenta con pinturas rupestres e inscripciones relacionadas con la fertilidad y las actividades agrícolas.

En la mitología hinduista, las distintas deidades se asocian al cuerpo y la regeneración. Por ejemplo, Lakshmi se venera como la diosa de la riqueza, la prosperidad y la fertilidad. El tantra, una tradición hinduista centrada en el cuerpo que posteriormente adoptaron otros sistemas de creencias, incorpora prácticas que celebran y rinden tributo al cuerpo y la sexualidad. Algunas traiciones paganas inciden en esta misma conexión, no solo con el cuerpo sino también con el mundo natural, reconociendo nuestros cuerpos físicos como una parte más de nuestra conexión con la tierra.

Adelchi-Riccardo Mantovani · *Venus genetrix*
Italia · **1996** En la antigüedad, muchos pueblos tenían la costumbre de consagrar los templos a Venus, considerada la madre de todo. A menudo pintada desnuda, encarna el amor y la sexualidad, y es una divinidad seductora. La diosa nacida del interior de una ostra como si fuera una perla se consideraba un ancestro para el pueblo romano. La versión estilizada de Mantovani moderniza el culto sagrado y simbólico de Venus.

VENUS GENETRIX

(pág. 140) Pan Yuliang *Mujer desnuda sentada con espejo* · China · 1956 El cuerpo femenino simboliza el nacimiento de todo, lo que se ve y lo que no se ve. Pese a las críticas, las obras de arte han girado en torno a la celebración de la mujer como vehículo creador de Dios y la humanidad. La artista era una reconocida retratista de desnudos y del mundo natural, a pesar de la desaprobación del Gobierno.

(pág. 141) Penny Slinger · *Rosebud* Inglaterra/Estados Unidos · 1973 En la serie «Bride's Cake», la extraordinaria artista de *collage* parodia la costumbre de cortar las tartas de boda. Alejada radicalmente del símbolo convencional del ritual, el cuerpo de una mujer fusionado con la tarta adopta un significado más profundo.

Meagan Boyd · *Earthly Flesh* · Estados Unidos 2020 Las visiones extáticas de Boyd de cuerpos terrenales en comunión con la naturaleza están repletas de iluminaciones del espíritu humano.

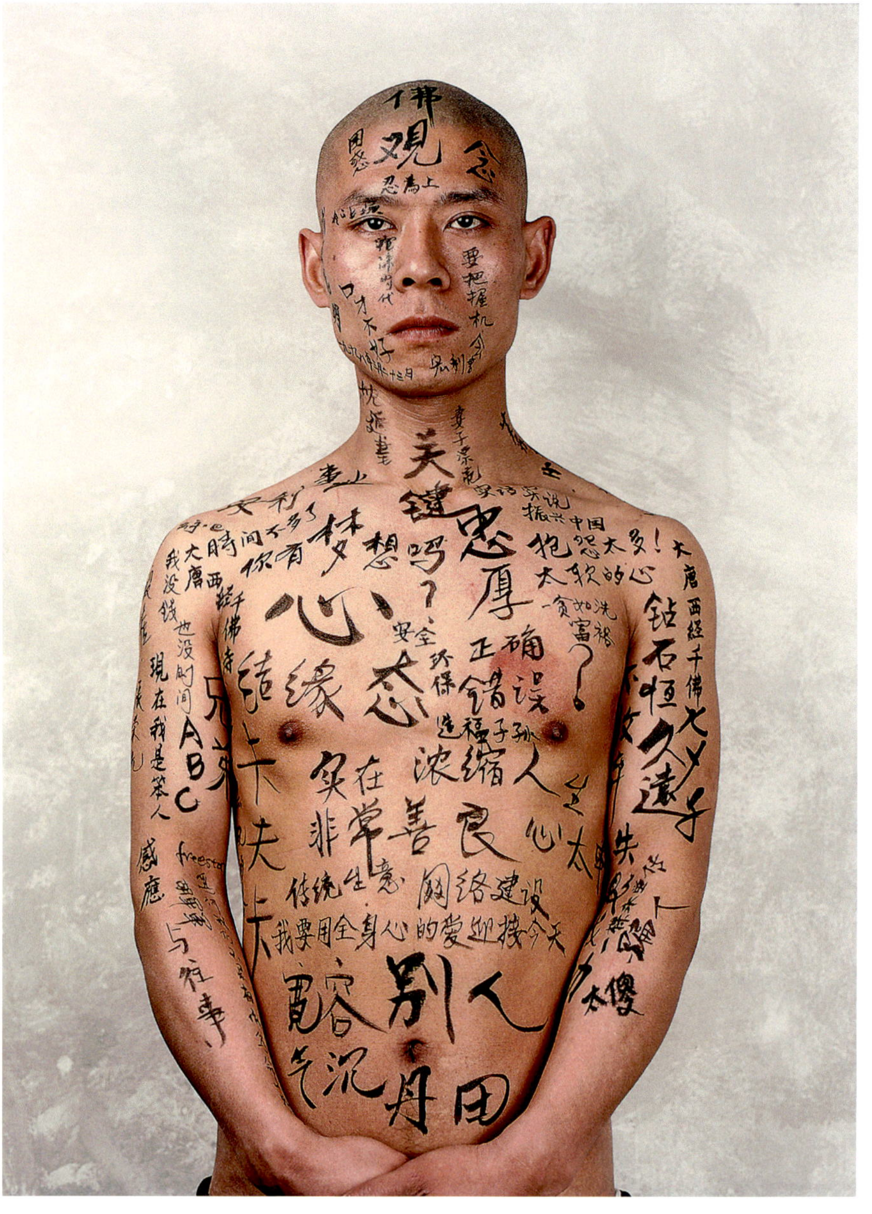

Zhang Huan · *1/2 (Text)* · **China** · **1998** En palabras del artista: «El cuerpo es la única manera directa de conocer a la sociedad y de que la sociedad llegue a conocerme a mí. El cuerpo es la prueba de identidad. El cuerpo es el lenguaje».

Marina Abramović · ***Spirit House*** · **Serbia** · **2016** En *Spirit House*, la artista de *performance* soporta un dolor corporal y un agotamiento extremos para definir sus límites y demostrar el poder, el control y la capacidad espiritual.

(siguiente)
Théophile Steinlen
Massaida en el diván
Francia · 1912
El pintor *art nouveau*, de ideología socialista, hizo muchos desnudos exquisitos muy admirados, así como pósteres antibélicos y, sobre todo, pinturas y esculturas de gatos. Apostó por los motivos bohemios y arremetió sin complejos contra los males del capitalismo.

Steinlen

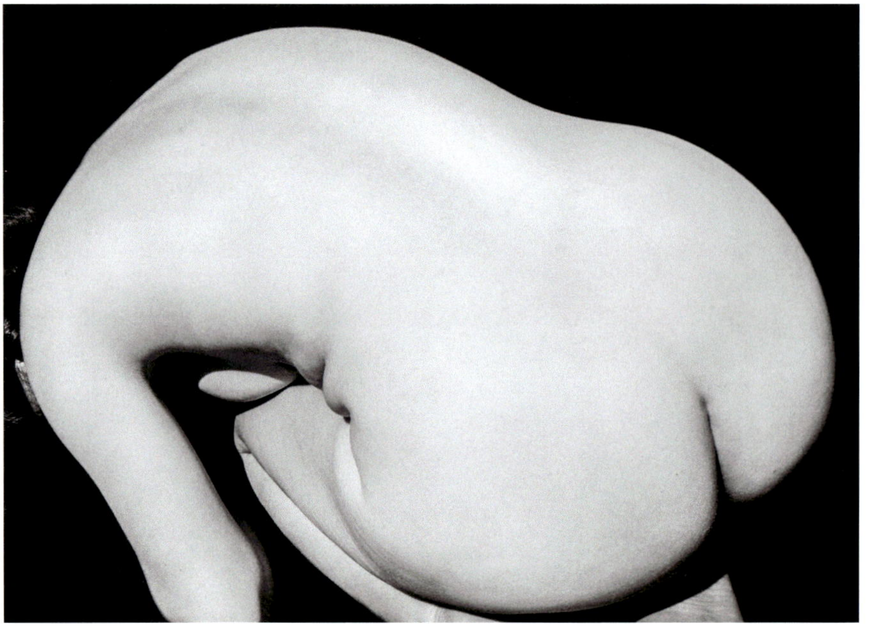

(arriba) Imogen Cunningham · *Nude* Estados Unidos · 1932 Las fotografías de desnudos de Cunningham tratan de desexualizar el cuerpo humano, capturando formas desprovistas de las habituales partes cosificadas. Las fotos llenas de contraste ponen fácilmente el objetivo en la carne como motivo de arte abstracto de la serie.

(abajo) Egon Schiele · *Desnudo reclinado con las piernas abiertas* · Alemania · 1914 Schiele estuvo en prisión una temporada por sus «dibujos inmorales». Su arte erótico y provocativo, influenciado por el impresionismo y el *art nouveau*, incorpora color para dar intensidad y focalización a sus dibujos orgánicos.

Vic Oh · *The Serpent Holder* · Francia · 2017 A través de la transición de las fases de la luna, las mujeres canalizan el cosmos por su poder creativo, su lado oscuro, su fuerza y su fuego, tal como la artista transmite con los mensajes solapados de su obra.

No creo que el espacio sagrado sea distinto del mundano. La «sacralidad» es la acumulación de acción e intención hacia el espacio: físico o abstracto, exterior o interior. La consolidación de este objetivo y compromiso a lo largo del tiempo crea tradición en torno a lugares concretos; de ahí nace la idea de «espacio sagrado». A menudo, el espacio sagrado también se experimenta en la naturaleza, en entornos con poca o ninguna intervención humana. Son estas experiencias las que sacan a la luz la sacralidad inherente de lo material, de lo manifiesto. Mi proceso artístico gira en torno a la activación del espacio real o conceptual. Tanto si se trata del espacio literal y simbólico de una carta astral como del espacio del entorno construido o un estudio en un ritual de péndulo, siempre busco estos espacios aparentemente prosaicos para subrayar su realidad inherente como espiritual. En mi proceso, la activación no es tanto una tecnología para transformar un espacio o canalizar poderes en un espacio como el arreglo de unas condiciones para sacar a la luz lo que ya existe y, después, simplemente quitarse de en medio. Lo sagrado está ahí y siempre presente, aunque no coincida con nuestros ideales. Me identifico más con los numerosos centros y construcciones erigidos por los nuevos movimientos religiosos del siglo XX, *en especial los de California. Desde el Integratron del desierto de Mojave hasta Krotona, en las colinas de Hollywood, estos predecesores espirituales lucharon contra los obstáculos del materialismo escéptico de su época para concretar lugares dedicados a la evolución de la espiritualidad de la humanidad. Aunque el místico es consciente de la omnipresencia de lo sagrado, las limitaciones saturnales de la encarnación acotan lo que puede manifestarse en una época o toda una vida. El gran sacrificio que representan estos lugares son pasos irrefutables hacia el reencantamiento de la sociedad y la cultura, y su existencia, un faro de lo que es posible. Hay un tema que se repite en el discurso metafísico desde la antigüedad hasta el presente de que lo humano es espíritu sagrado. No estoy de acuerdo con las implicaciones dualistas que muchos han deducido históricamente de esta doctrina: que está lo sagrado y lo profano, lo superior y lo inferior, la luz y la oscuridad, la alta vibración y la baja vibración, etc. En cambio, imposible y paradójicamente, todo es sagrado. De lo más terrible a lo más trascendente, todo es uno.*

— MICHAEL CARTER, metafísico, artista y educador, 2024

(pág. opuesta)
Jean Le Noir
La herida de Cristo
Francia · Hacia 1345
El *Salterio de Bona de Luxemburgo*, un manuscrito medieval, es el origen de la fascinante imagen del corte de lanza en el torso de Jesús con un asombroso parecido a la vulva femenina, lo que erotizaba el cuerpo de Cristo, acentuando su capacidad reproductora y curativa. Tal vez, inconscientemente, estimulaba al espectador a ser más devoto.

331
Nous monstre tres dous diex vre
tresgrant largesce.
Quant voulsistes pour nous
souffrir tant de destresce

Monica Sjöö · *Sheela Na Gig, creación* · Suecia 1978 En el simbolismo ecofeminista, la creación del mundo brota del cuerpo de la gran madre, la energía universal de la concepción. En esta obra de su primera exposición en solitario, Sjöö junta la naturaleza, las mujeres y los animales en un todo.

(pág. opuesta) Koloman Moser *Venus en la gruta* Austria · 1914 Como si saliera de una cueva, Venus resplandece como la diosa del amor, la belleza y la procreación en esta obra de uno de los diseñadores de la célebre revista *Ver Sacrum*. La cueva podría simbolizar el «renacimiento» de Venus como el lucero del alba cuando sale de la oscuridad.

Leonor Fini
Les Étrangères · Italia
1968 La pintora italoargentina fue uno de los máximos exponentes femeninos del surrealismo. La obra de Fini solía girar en torno a los mitos, el erotismo y el subconsciente. La artista dijo en una ocasión: «Las pinturas, como los sueños, tienen vida propia, y yo siempre he pintado de forma muy parecida a como sueño».

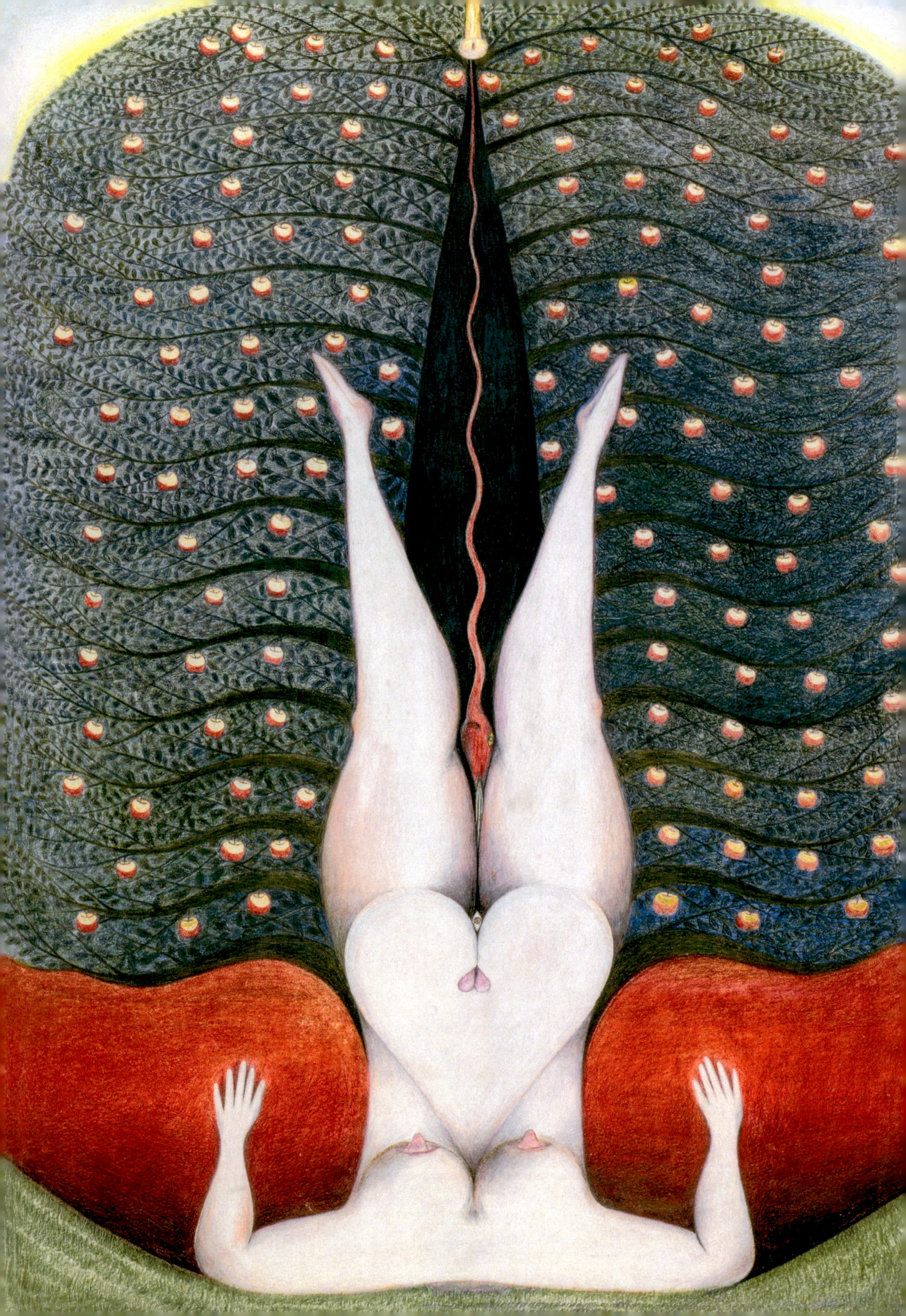

(siguiente)
Leonor Fini · *Divinité chtonienne guettant le sommeil d'un jeune homme* Italia · 1946 Con su perpetua oposición a la dominación masculina del arte, especialmente de la escena surrealista, Fini ofrece visiones matriarcales. El rostro de la criatura del inframundo a modo de esfinge, posiblemente una conexión con Hécate, tiene el parecido habitual con el de la artista.

Friedrich Schröder-Sonnenstern · *Praxis* Alemania · 1952 Conocido por su arte fantástico, a menudo Schröder-Sonnenstern fue una víctima incomprendida del confinamiento psiquiátrico.

Herbert List · *Joven y busto romano* · Alemania 1949 El pintor suizo Rolf Dürig es el modelo de esta fotografía temática de List que evoca el mito de Pigmalión.

(arriba)
Autor desconocido
Miniatura erótica
India · Siglo XIX
Los hindúes tenían una visión reflexiva de la realidad erótica. Para ellos, la búsqueda de placer era un aspecto básico de la vida y fundamental para la iluminación final. La adoración y el embellecimiento de los órganos y las posturas sexuales se popularizaron a través de los antiguos textos hindúes del *Kamasutra*.

Autor desconocido · Pintura erótica china · China Siglo XIX De una serie de la dinastía Qing, la obra muestra la sexualidad desde un punto de vista tierno y humorístico. Casi todo el arte erótico de la época fue destruido durante la revolución cultural maoísta.

(abajo) Autor desconocido · *La despedida de Abu-Zayd y Al-Harith antes de regresar a La Meca* Irán · Siglo XIII Una ilustración exquisitamente grabada que procede de un manuscrito iluminado de gran rareza.

Penny Slinger · *Tantric Reunions* · Inglaterra/ Estados Unidos · 1976
Con la creación de «un lenguaje para que la psique femenina se exprese por sí misma», la artista de *collage* muestra sus influencias tántricas, fusionando la sensualidad sagrada con el misticismo en su estilo surrealista.

Joyce Lee · *Jelly Dream 3* · Corea del Sur · 2023
El surrealismo pop erótico de un exquisito beso con ositos de goma, con labios y gominolas de sugerentes colores, provoca e incita alegría. Lee expresa la emoción humana reflexivamente como una divertida sugestión visual, tendiendo al erotismo sin temor.

Alphachanneling · *Queen of the Forest* · Estados Unidos · 2021 Tal como explica el artista, «¿tu corazón está lleno de gratitud por los misterios de la creación? Deja que la Reina del Bosque te enseñe toda la belleza que tienes en tu interior y la que te rodea».

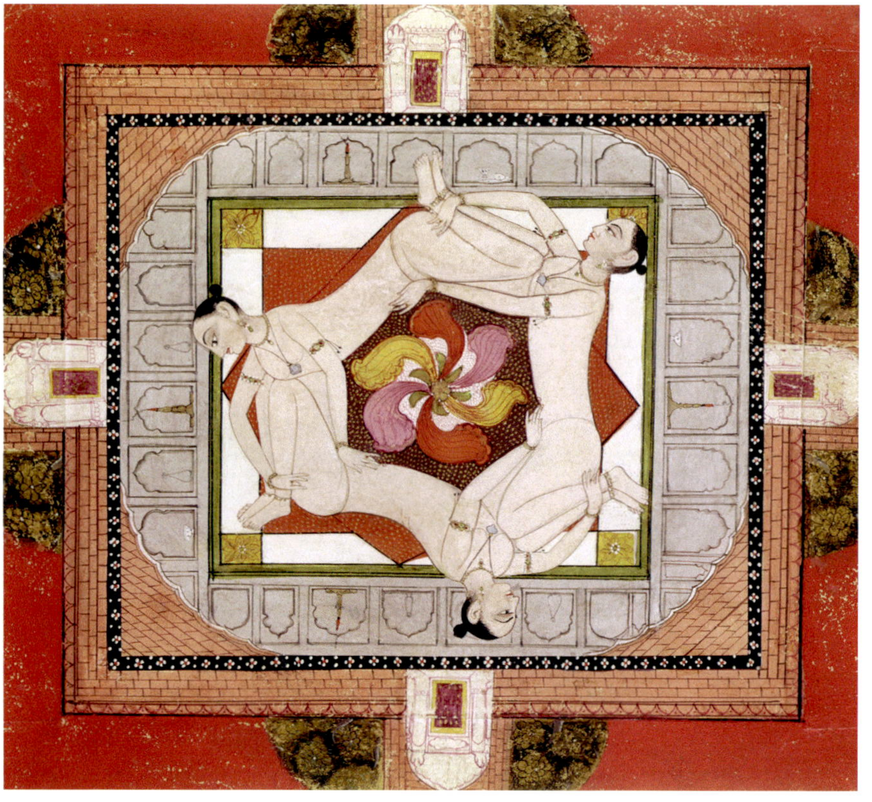

Autor desconocido Miniatura tántrica de tres mujeres formando una cadena · India Siglo XIX En el interior de un mandala de figuras geométricas con un centro floral, tres mujeres desnudas forman una cadena de sutiles caricias que sugieren juegos preliminares. La ternura de las expresiones faciales hace que la imagen resulte sutil y natural, en la línea de las representaciones del arte erótico indio.

Autor desconocido Escena erótica · Italia Siglo I La augusta Villa Farnesina fue descubierta en Trastevere en 1879. Antes de su destrucción, se retiraron los impecables y mitológicos frescos, que finalmente se instalaron en el Palazzo Massimo alle Terme.

Virgo Paraiso · *Return to Paradise* · México · 2002
Como explica el artista, «*Return to Paradise* representa el momento en que te das cuenta de que eres el origen de la existencia, la fuente del amor, la alegría, la belleza, la serenidad y la sabiduría divina que da vida a todo lo del universo y más allá».

Las acciones principales de mi obra son mi cuerpo, las esculturas que hago y la Tierra, todo junto delante de la cámara. Teniendo en cuenta lo largas que son las exposiciones en mi trabajo, de 15 minutos como mínimo, mi procedimiento tiene más de cine experimental que de fotografía fija. En cada foto, el tiempo se comprime. En ese tiempo, se realiza una interpretación para la cámara, una colaboración de luz y movimiento. A fin de cuentas, mi trabajo cuestiona cómo nuestra existencia en la Tierra se dobla, se pliega y se mete dentro de la existencia total de la Tierra, ofreciendo futuros especulativos, pasados inimaginables y un presente inquieto. En mi serie «Bronson Caves», la historia cinemática y, por tanto, figurativa de las cuevas se entreteje en la narrativa. Las cuevas están en el parque Griffith de Los Ángeles y son conocidas como escenario de infinidad de películas y programas de televisión. Con cada evento cinemático, la existencia del paisaje se metamorfosea y se adapta a nuevas realidades, una colonia de asteroides en un evento, una guarida de vampiros en el siguiente. En mi serie más reciente, titulada «How Close», el trabajo se hizo en el cañón de Red Rock, en el desierto de Mojave, en California. Con toda su belleza sublime, el lugar permanece sin descanso en el presente pese a su capacidad de representar fácilmente distintos lugares y momentos. Por ejemplo, allí se rodó Parque Jurásico, *ha sido el hogar legítimo de los kawaiisus durante 1500 años y, actualmente, alberga un acueducto fundamental para Los Ángeles. Hace 250 millones de años, era el lecho del océano Pacífico. Vi Red Rock por primera vez hace 10 años, cuando conducía por el Mojave. Mirara donde mirara, veía estriadas paredes rojas, y la Tierra se elevaba hacia el cielo en ángulos dinámicos, confundiendo cualquier sentido de escala. Años después, tras muchos cambios, regresé al cañón para buscar lo que había sentido: una profunda conexión con la existencia inmersa en el tiempo. Al estar en el lugar de un antiguo paisaje, lo sagrado llena mi experiencia, paradójicamente en un momento en el que nuestra presencia está causando buena parte de los cambios a los sistemas de la Tierra.*

— BRICE BISCHOFF, artista, 2024

(pág. opuesta) Autor desconocido ***La esfera cósmica y el ser humano*** **· Alemania Siglo XIII** La gran mística alemana Hildegarda de Bingen escribió varios libros sobre su teología visionaria, entre ellos el *Liber divinorum operum*. Esta imagen es de una versión ilustrada de la obra del siglo XIII.

(pág. 170) Salvador Dalí · ***Dalí, desnudo, contemplando extasiado cinco cuerpos regulares metamorfoseados en corpúsculos, en los que de repente aparece la «Leda» de Leonardo, cromosomatizada por la cara de Gala*** **· España 1954** En esta pintura llena de simbolismo, Dalí se pinta a sí mismo desnudo con el miembro viril oculto por una valva marina, arrodillado sobre una raya blanda, en una postura mesiánica mientras contempla a una Gala casi inalcanzable en una forma muy genética.

(pág. 171, arriba) Autor desconocido · Esculturas eróticas del templo de Lakshmana, en Khajuraho, Madhya Pradesh · India · 930-950 Construidas por los reyes chandelas en su templo, las escenas eróticas tántricas eran habituales en Khajuraho, donde las mujeres se consideraban divinas.

(pág. 171, abajo) Autor desconocido · Parinirvana del pene · Japón · Siglo XIX Mujeres con rostro en forma de vulva lamentan la muerte de un cuerpo en forma de pene en un pergamino que parodia la muerte sagrada de Buda. Este arte erótico divertido, conocido como shunga, era popular en Japón.

Visio secunda: –

Louise Bourgeois
Ojos · **Francia/**
Estados Unidos · 1995
Un ingenioso título para lo que, sin duda, son unos grandes pechos. Se encuentran en el parque de esculturas Tjuvholmen de Oslo y son obra de Bourgeois, cuya actitud provocativa la enfrentó a las convenciones patriarcales.

Autor desconocido
Delos, escultura fálica
Grecia · 300 a. C.
Dedicadas a Dioniso y símbolo de la energía de la fuerza vital, las estatuas de penes se encuentran en la isla de Delos, uno de los lugares históricos, religiosos y mitológicos más importantes del mundo antiguo.

(pág. opuesta) Pablo
Picasso · ***Le Phallus***
España · 1903
Contrastando la dicotomía fundamental entre lo masculino y lo femenino a través de un pene rígido de semblante serio y una forma femenina delicada y grácil, Picasso refina las energías inherentes en los pares de opuestos.

(págs. 174-175) David Black *Swimmers* · Estados Unidos · 2022 Número 239 de la revista de moda internacional *Numero* en honor del elemento agua. David Black fotografió cuerpos desnudos en aguas profundas y oscuras, capturando los reflejos de la luz como un cielo estrellado.

(pág. opuesta) Michael Carter · *Energy Body* Estados Unidos · 2021 Mediante el uso de un péndulo de pintura, Michael Carter percibe y simula las vibraciones que emanan del cuerpo para crear el diagrama del campo energético del modelo.

Magdalena Wosinska · *With In* · Estados Unidos 2019 La forma femenina, encarnada por la artista, es un tema primordial para la fotógrafa polaco-estadounidense afincada en California. Wosinska crea una serie en curso de autorretratos, posando en imponentes paisajes remotos del mundo.

Pierre et Gilles
Mercurio, Enzo junior
Francia · 2001
El caduceo, la vara de Hermes, toca el suelo en esta foto del dios Mercurio desnudo y con un casco alado, del dúo de artistas que retratan escenas mitológicas, iconos del cine y figuras simbólicas de la sabiduría popular.

Giambologna
Coloso de los Apeninos
Italia · Siglo XVI
El entrañable gigante guarda la tierra y se convierte en una parte más de ella. La estatua de piedra de unos 11 metros de altura alberga varias cámaras dispuestas en tres niveles. En el inferior hay una gruta, mientras que en el superior puede observarse el parque desde una cámara situada detrás del ojo.

Jacques Le Moyne · *Una joven hija de los pictos* **Francia · 1585-1588** Los pictos, los primeros habitantes de las islas británicas, eran un pueblo que vivió en la Escocia actual durante la Edad de Hierro tardía y la Edad Media temprana.

Niki de Saint Phalle y Larry Rivers · *Clarice Rivers* **Francia/Estados Unidos · 1964** Larry Rivers hizo la ilustración de su esposa, que estaba embarazada, mientras que Niki de Saint Phalle la pintó con acuarelas.

Niki De St Phalle

Autor desconocido
La diosa de la compasión de cuatro brazos Avalokiteshvara (Guanyin) · Tíbet
Siglo XX La representación tibetana de la diosa china de la compasión, Guanyin, está sentada en un reposo simbólico como un *bodhisattva*, un ser iluminado que decide servir, ayudar y proteger a la humanidad cuando alcanza la realización.

Hazel Florez
The Spiral Path
Inglaterra · 2020
Los humanos están intrínsecamente conectados con los ritmos de cambio de la naturaleza, tanto cíclicos como espirales. Evolucionamos constantemente como seres alquímicos. La surrealista esotérica Florez representa el receptáculo de la sabiduría filosófica con varios elementos simbólicos.

Hazel Florea

Patricia

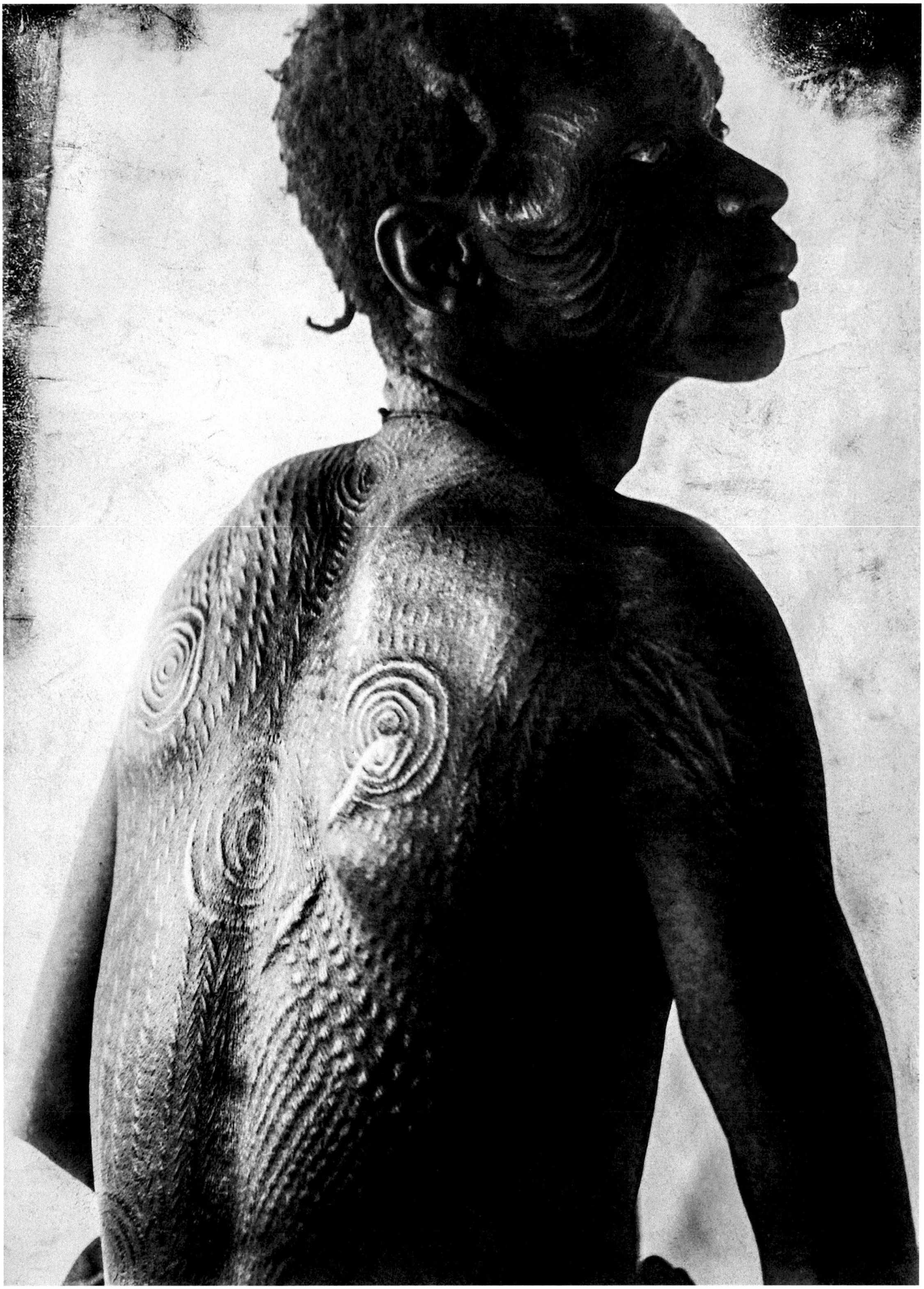

HIMALAYA

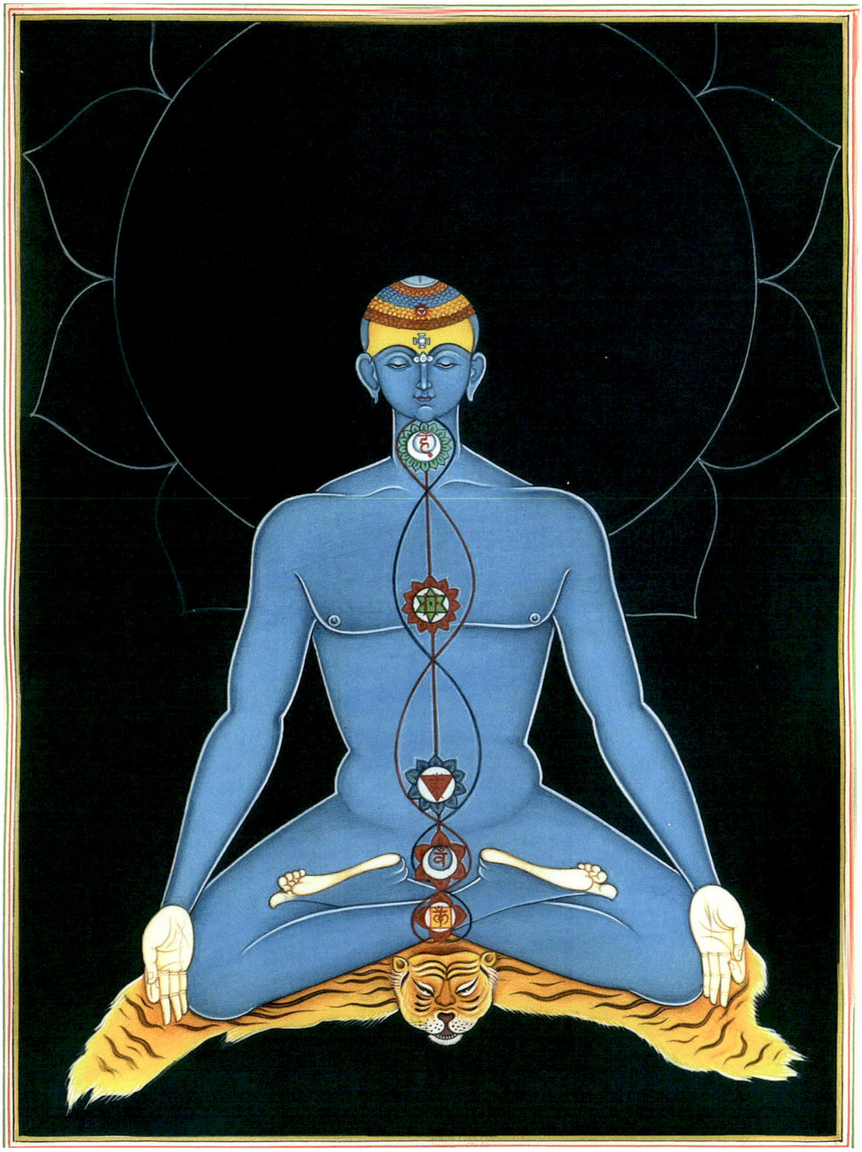

(pág. 184) Patricia A. Schwimmer · *Life Among the Mushrooms* Canadá · 1994 Explorando lo sagrado en su obra, Schwimmer indaga en una representación vívida del cuerpo de la madre dadora de vida y criadora a modo de arquetipo de la tierra y la naturaleza.

(pág. 185) Emil Torday · *Hombre, Congo* (impresión en gelatina de plata) · Hungría 1919 En una imagen publicada en una de las primeras ediciones de la revista *National Geographic*, un hombre del Congo muestra con orgullo sus cicatrices tribales sagradas.

Nikolái Roerich · *Madre del mundo* · Rusia · 1924 La Gran Madre arquetípica sobre las montañas como trono sirve a la humanidad como dadora de vida, protectora, juez y discernidora de la polaridad de opuestos, incluidas la luz y la oscuridad. Su velo evoca la naturaleza prístina de su ser: lo no manifiesto.

Kailash Raj · *Chakras del cuerpo humano del kundalini yoga* · India · Fecha desconocida La fuerza de la serpiente que yace dormida en la base de la columna, conocida como *kundalini*, sube a través de las ruedas de energía situadas a lo largo de la columna en una dimensión invisible del cuerpo.

PARTE III

Arquitectura del espíritu

MONUMENTOS
A LOS DIOSES

EN EL ALTAR

Elementos de simbolismo ritualista

Cuando la raza humana aprenda a descifrar el lenguaje del simbolismo y de la alegoría, un gran velo caerá de los ojos de los hombres.

— MANLY P. HALL, filósofo e inquiridor, de *Melquisedec y el misterio del fuego*, 1926 (esp. 1994)

(anterior) Autor desconocido Capilla de la Rocchetta Mattei · Italia Siglo XIX La arquitectura de la maravillosa fortaleza del norte de los Apeninos es una fusión de distintos estilos. La capilla con el techo listado recuerda a la mezquita-catedral de Córdoba, en España, y alberga un sarcófago con el cuerpo de Mattei, el inventor de la electrohomeopatía. Un león, un hipogrifo y unas arpías custodian la entrada, con infinitud de símbolos astrológicos y esotéricos.

La arquitectura religiosa de todo el mundo generalmente incorpora símbolos de determinados cultos y creencias, cada uno con significados culturales y espirituales propios, ya sea la cruz cristiana, la estrella de David del judaísmo o el yin y el yang taoístas, que representan el equilibrio de fuerzas opuestas del universo.

De todos estos símbolos, puede que el más conocido sea la cruz, un elemento fundamental del cristianismo y una representación del sacrificio y de la salvación de Cristo. El diseño de la cruz varía en función de las diferentes sectas cristianas; algunas de ellas prefieren diseños elaborados, mientras que otras apuestan por la sencillez. En el catolicismo, por ejemplo, el crucifijo es un símbolo común que representa a Jesús en la cruz. Para el judaísmo, la estrella de David es uno de los símbolos más sagrados y suele estar presente en la arquitectura de sinagogas de todo el mundo. La estrella de seis puntas representa el vínculo entre Dios y el pueblo judío, así como la unidad de todos los judíos del mundo.

El símbolo del yin y el yang adopta diversas formas en los templos y la arquitectura taoístas, a menudo junto a representaciones de dragones y otros seres míticos. En el budismo, el simbolismo de la rueda suele formar parte del diseño de templos y otras construcciones religiosas, y representa las enseñanzas de Buda y el viaje para alcanzar la iluminación, así como la interconexión de todos los seres vivos del universo. El diseño de la rueda difiere entre las distintas sectas budistas, pero, en general, incluye un eje central con radios que irradian hacia el exterior. En la cultura islámica, la media luna es habitual en el diseño de las mezquitas. Esta representa tanto la luna nueva, que para muchos musulmanes señala el comienzo de un nuevo mes sagrado, como la estrella, que representa la luz de la sabiduría y la guía. Este símbolo se utilizó mucho sobre todo en la arquitectura del Imperio otomano islámico, que lo incorporó al diseño de muchas de sus mezquitas más emblemáticas.

En las primeras prácticas paganas e indígenas, los símbolos solían inspirarse en los reinos vegetal y animal: el toro sagrado de los

(pág. opuesta) Autor desconocido · El ojo divino del caodaísmo · Vietnam · Siglo XX Fundada en 1926, la religión sincrética vietnamita de Cao Dai sostiene que todas las religiones son iguales y transmiten el mismo mensaje. Un ojo izquierdo que todo lo ve está enmarcado en un triángulo rodeado de rayos y flores de loto en el templo de Cao Dai, en Tay Ninh.

antiguos minoicos, el roble venerado en los rituales celtas y nórdicos o la piña adorada en Grecia, Roma y Egipto, símbolo de la fertilidad y la inmortalidad. En las enseñanzas esotéricas, la piña también solía asociarse con el despertar y la expansión de la conciencia. Se cree que representa la glándula pineal, un pequeño órgano del cerebro que, según algunas tradiciones espirituales, representa el «tercer ojo» o el centro de la percepción espiritual.

Autor desconocido · Cernunnos · Dinamarca Siglo I Forjado en metal a finales de la Edad del Hierro, el caldero de Gundestrup se halló en una turbera de Dinamarca. Revela imágenes –desconocidas para la gente de la zona– del dios celta de la naturaleza, la flora, la fauna y la fertilidad.

Thomas Pennant · *The Wicker Man of the Druids* Gales · Hacia 1776 En esta ilustración de *A Tour in Wales*, se prende fuego a un hombre de mimbre. Las efigies paganas se quemaban como símbolo de purificación, cambio interior y transformación, una purga del pasado para dejar espacio a la renovación.

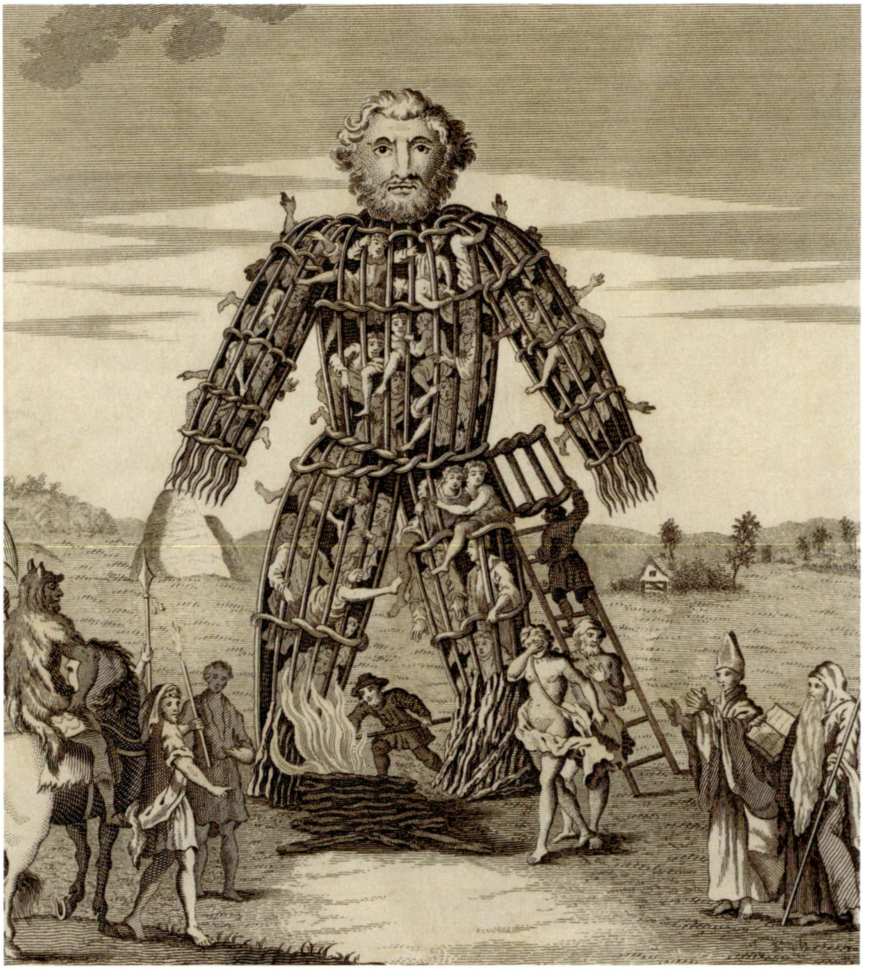

Tal vez el más conocido de estos símbolos antiguos sea el *anj* egipcio, también llamado llave de la vida o cruz egipcia. Uno de los símbolos más reconocibles y utilizados del arte y la religión egipcios, se cree que el *anj* simboliza la vida, la fertilidad y la existencia eterna. Representado más a menudo con la parte superior ovalada, se dice que la línea vertical representa la trayectoria del sol, y la vertical, el plano terrestre. En el antiguo Egipto, el *anj* estaba muy asociado a los dioses y las diosas, en especial los que guardaban relación con la fertilidad y el más allá: el poder divino de dar y sustentar la vida.

¿Qué es sagrado? Para nosotros, una de las maneras más habituales de imaginar lo sagrado es cuando la naturaleza nos deja maravillados y, ciertamente, nos sentimos sobrecogidos al ver estos rincones del mundo. Los lugares sagrados modernos suelen ser espacios creativos o culturales, espacios para la catarsis. El festival Burning Man, por ejemplo, es un espacio sagrado que culmina con la quema de la estructura, un momento que pone de manifiesto la impermanencia de las cosas. Y, normalmente, en el interior de los templos del Burning Man también hay espacios conmemorativos. La gente deja el nombre de sus seres queridos dentro y, la última noche del festival, se le prende fuego a todo. El espacio sagrado es algo que los humanos siguen creando. Los lugares se convierten en sagrados cuando las personas los elevan y los veneran y los honran como tales. Estos lugares sagrados también son depositarios de la tradición que los creó. A menudo, se construyen conforme a una geografía natural que, de algún modo, es significativa, como la cima de una montaña o la orilla de un río, o lo alto de un antiguo lugar sagrado o un templo pagano. El primer espacio sagrado fue la cueva. Servía de refugio, pero también de útero, un útero de tierra. De la cueva se pasa al culto de la naturaleza y, después, a la creación de formas arquitectónicas simbólicas sagradas. Están la esfera, la espiral, la forma piramidal, el laberinto. Y estas arquitecturas sagradas están presentes en todo el mundo. Sin embargo, en cierto modo, todos los espacios sagrados vuelven a esa idea original de la cueva como el útero, como un espacio para la gestación del despertar del espíritu humano.

— ALLYSON GREY Y ALEX GREY, artistas e inquiridores, 2024

Autor desconocido · Laberinto de la catedral de Chartres · Francia · 1194-1260 Construida encima de una fuente de energía terrestre, la catedral gótica, con sus criptas llenas de grutas y un manantial sagrado, cuenta con uno de los laberintos más grandes de Francia. Marca la nave del edificio y se tardan alrededor de 30 minutos en recorrerlo.

LA FACCIA SVA MI PAREA LVNGA E GROSSA
COME LA PINA DI SAN PIETRO A ROMA
ANNO DOMINI MCMXXI

Francisco de Goya *Adoración del nombre de Dios* · **España** · **1771-1772** Los ángeles se arremolinan alrededor del triángulo resplandeciente en un esbozo inicial para un fresco que Goya pintó en la bóveda del coreto de la capilla de la Virgen de la basílica de Nuestra Señora del Pilar de Zaragoza, en España. En la versión definitiva, el tetragrámaton, o YHWH, se pintó dentro del triángulo dorado.

Herbrandt Jamsthaler Ilustración de ***Viatorium spagyricum*** · **Alemania Hacia 1622** La unión perfecta del cuerpo, la mente y el espíritu, conocida como iluminación o piedra filosofal, se enseña esotéricamente a través de la ciencia y la alquimia, y se ilustra con imágenes simbólicas y mágicas.

Donato Bramante · ***El patio del Belvedere, palacio del Vaticano*** · **Italia** · **Siglo** XVI Originalmente una estatua del siglo I del templo de Isis, la piña de bronce se trasladó a la Ciudad del Vaticano, donde ocupa un lugar céntrico en el patio. Símbolo pagano de la fertilidad, en un sentido más esotérico representa la glándula pineal o tercer ojo, nuestro punto de conexión entre el mundo físico y el espiritual.

(págs. 200-201) Autor desconocido *Telesterion de Eleusis* Grecia · Siglos V-IV a.C. Como salón de los ritos de iniciación de los misterios eleusinos, el Telesterion contaba con un santuario en honor de Deméter, la diosa de la naturaleza, y su hija, Kore. Actualmente en ruinas, el lugar sagrado era un centro de relevancia espiritual.

(pág. opuesta) Corrado Cagli *Monumento en la plaza de la antigua sinagoga, Gotinga, Alemania* Italia · 1970-1973 Hecha de formas geométricas, la estrella de David del monumento conmemorativo se erige donde estaba la antigua sinagoga de Gotinga, que los nazis quemaron durante la llamada Noche de los Cristales Rotos.

(arriba) Autor desconocido · Aldea judía de Wolleka Falasha · Etiopía · Siglo XX Preservada intacta por los habitantes etíopes actuales, en esta pequeña aldea vivieron secretamente algunas generaciones de judíos.

(abajo) Autor desconocido · Sinagoga etíope de Acre · Etiopía · Siglo XX A raíz de su persecución, los judíos de Etiopía vivían clandestinamente y construyeron sinagogas secretas en zonas rurales. Las comunidades vivieron aisladas durante siglos.

Autor desconocido · Lararium · Italia · Siglo I En Pompeya, en la Casa de los Vettii, se conserva un santuario de los espíritus guardianes del hogar y la familia que quedó indemne de la destrucción volcánica. Incluye una serpiente, que se veneraba para propiciar la fertilidad de la tierra y la prosperidad.

Autor desconocido · Altar de la pagoda de Phuoc An · Vietnam · Fecha desconocida En este templo budista moderno situado en Vietnam, se encuentra un altar adornado tanto con símbolos budistas antiguos como con detalles creados con luces de neón.

John Yarker · Ilustración de *The Kneph* · Inglaterra Hacia 1884 Esta ilustración de *The Kneph*, una «gaceta de masonería y rituales masónicos», representa varios símbolos de esta hermandad: el uroboro, el delta o triángulo divino y el ojo divino con el sol.

Autor desconocido · Anj modelo · Egipto · 1981-1802 a. C. En el antiguo Egipto, el jeroglífico de la «llave de la vida» representaba la vida eterna. Solía encontrarse en las tumbas en honor de la vida eterna, incluida la muerte y la reencarnación del alma o *ka*.

David Roberts.

El arquitecto Keith Critchlow describió la catedral de Chartres y otras arquitecturas sagradas como espacios que nos conectan con la falta de ego y la atemporalidad. Son espacios físicos donde podemos conectar con el estado de conciencia unitivo a través de la maravilla y el asombro compartidos. Son espacios donde conectamos con nuestra propia divinidad interior, donde nos sentimos conectados con algo más grande que nosotros mismos. Mi obra reinterpreta espacios sagrados que he descubierto en mi vida, lugares de paz y conexión profundas. A través de la realidad virtual y las grabaciones de campo de los icebergs de la Antártida, las playas de Malibú, los lagos del norte de Minesota y los campos de flores de Carlsbad, capturé los momentos y los espacios en los que experimenté una intensa unidad. Creo espacios sagrados digitales para que la gente conecte con estados de conciencia no egoicos a través de la maravilla, el asombro y la fascinación. Utilizo la estructura de una mezcla inmersiva para guiar a los usuarios a través de su experiencia. Cada canción y mundo visual representan un lugar sagrado y una etapa del viaje de la trascendencia del ego. Cada apartado incluye luz del mundo real remezclada en mundos caleidoscópicos, ya sean los mares de la Antártida o enormes esculturas de láser y espejo. Remezclo luz, color y sonido con narraciones para guiar a los usuarios al estado unitivo y a través de él. No solo se trata de experiencias visionarias, sino que son herramientas para involucrarse activamente con la misma conciencia alcanzada en espacios sagrados físicos. Necesitamos proteger urgentemente nuestros espacios sagrados físicos compartidos y seguir construyendo y nutriendo nuevos espacios sagrados y experiencias, tanto en el mundo real, en festivales como Burning Man o Glastonbury, como en espacios sagrados virtuales, como los que construyo. Ahora mismo es fundamental que valoremos los sistemas y lugares que puedan ayudarnos a escapar de nuestro estado constante de lucha o huida. En un momento en el que parece que todas las pantallas están diseñadas y personalizadas para desatar el egoísmo, la ansiedad, el miedo y la pulsión, necesitamos valorar y defender las cosas que nos recuerdan que somos más que nuestros cuerpos físicos, y una serie de impulsos y reacciones. Los lugares sagrados nos acercan con la maravilla y la conexión compartidas.

— CHRIS HOLMES, artista, músico e inquiridor, 2024

(pág. opuesta)
David Roberts
Una entrada de Karnak
Escocia · 1864 Las paredes y los fustes de las columnas de la sala hipóstila del templo, uno de los muchos próximos a la orilla del Nilo egipcio construidos y reconstruidos por sucesivos faraones, estaban cubiertos de relieves e inscripciones sobre la adoración de las deidades.

(págs. 210-211) **Nicolas Poussin** ***La adoración del becerro de oro*** **· Francia · 1633-1634** Una de un par de pinturas bíblicas, la escena de los israelitas adorando el becerro de oro, que representa el poder de Dios por haberlos liberado de Egipto, tuvo lugar durante el éxodo y la subida al monte Sinaí de Moisés.

Autor desconocido Luna llena sobre Persépolis · Irán Hacia 550-330 a.C. Salida de la luna en la puerta oriental de las Naciones, o de Jerjes, el rey del Imperio aqueménida. Flanqueada por los *lamassu*, las deidades guardianas, la inscripción dice así: «Un gran dios es Ahuramazda, que creó esta tierra, que creó el cielo, que creó al hombre, que creó la felicidad del hombre, que a Jerjes lo hizo rey».

(pág. opuesta) **František Rint · Entrada del osario de Sedlec · República Checa · 1870** El osario de Sedlec, que se encuentra en la iglesia de Todos los Santos de Kutná Hora, está adornado con los huesos de hasta 70 000 esqueletos, exhumados y utilizados para dejar espacio para más. Debido a su arquitectura única, se considera Patrimonio de la Humanidad.

(siguiente) Autor desconocido · Altar de Zeus y Atenea de Pérgamo · 180-160 a.C. En el friso del altar se ilustra la batalla mitológica conocida como Gigantomaquia, la lucha entre los dioses y los gigantes. Simboliza el triunfo sobre el caos. El altar de Pérgamo se desenterró en 1878 en Turquía y se reconstruyó en el Museo de Pérgamo de Berlín, en Alemania.

Theodore Edaakie · *Altar zuñi* · Estados Unidos 1945 El artista zuñi Theodore Edaakie a menudo plasmaba su cultura indígena en sus obras, como en esta representación de un altar zuñi de la reserva de Zuni Pueblo del condado de McKinley, en Nuevo México.

Carl Gustav Carus · *Monumento a Goethe* · Alemania 1832 Un sarcófago imaginario con los restos de Goethe descansa en un terreno rocoso y oscuro como un espacio sagrado de peregrinación. En la pintura, Carus sacralizó al escritor porque ambos creadores sentían una gran admiración mutua.

Autor desconocido · La diosa Serket en el santuario canópico de la tumba de Tutankamón · Egipto 1370-1352 a.C. Serket, diosa de la curación, en un relieve de madera dorada con un tocado de escorpión. Custodiaba el cofre de alabastro que contenía las vísceras del faraón niño Tutankamón.

Autor desconocido · Escultura de piedra de naga custodiando el templo budista de Ho Phra Keo Laos · 1565-1566 Los nagas, deidades sagradas en forma de serpiente, custodian el templo que antiguamente albergaba la conocida estatua del Buda Esmeralda.

COMO ES ARRIBA, ES ABAJO

Pilares de la arquitectura mística

Su religión debe ser universal: Cristo, Buda o Mahoma, el nombre importa menos que el resplandor de la luz de quien la lleva. Él reverencia todo santuario, se inclina ante el altar, sea mezquita, catedral o pagoda, dándose cuenta [...] de la unidad de toda verdad espiritual.

— MANLY P. HALL, filósofo e inquiridor, de *Las claves perdidas de la francmasonería*, 1923 (esp. 1975)

Rendimos tributo a los cielos con arquitectura sagrada y manifestamos nuestra veneración por los dioses y las diosas con construcciones majestuosas de roca y madera, cristal y acero. Todas las prácticas religiosas cuentan con un planteamiento arquitectónico, ya sean cúpulas doradas, arbotantes, intrincados vitrales, murales vibrantes o elaborados jardines. Sin embargo, incluso en las primeras etapas de la expresión espiritual, hemos ido transformando el espacio. Desde las misteriosas pinturas rupestres hasta las altas torres de las catedrales, nuestros lugares sagrados construidos por la humanidad reflejan las formas complejas y diversas en las que rendimos tributo a lo divino.

Desde tiempos inmemoriales, hemos construido espacios sacrosantos, los primeros de los cuales se remontan decenas de miles de años atrás. En las culturas paganas y prehistóricas, uno de los lugares sagrados más conocidos es Göbekli Tepe, en Turquía, que podría tener más de 11 000 años. Consiste en múltiples círculos de piedra y columnas en forma de «T», que revelan lo que podría ser un ritual o una ceremonia. Otros de los primeros ejemplos de lugares sagrados son los círculos de piedra neolíticos como Stonehenge, en Inglaterra, y las estructuras megalíticas descubiertas en distintas regiones del mundo.

En cuanto a las religiones globales principales, uno de los lugares sagrados más antiguos es el templo de Mundeshwari, en India, datado en el siglo v, aunque algunas fuentes sugieren que es anterior. La iglesia cristiana más antigua es la Dura Europos, en Siria, que se calcula que se construyó en el siglo iii. La mezquita más antigua que se conserva es la de Quba, en Medina, Arabia Saudita, que se cree que la hizo el profeta islámico Mahoma en 622.

En todas las construcciones sagradas, el deseo de conectar con el espíritu es equiparable a la necesidad innata de la humanidad de conectar unos con otros, nuestro deseo permanente de reunión y comunidad. Incluso en el aislamiento de las ermitas o los monasterios casi siempre hay espacios donde los fieles se reúnen para sentarse o bailar, y meditan, rezan y cantan.

Nave espacial Apolo 8 · Tierra y Luna: la salida de la Tierra vista desde el espacio · 1968 Al igual que la Luna se eleva cuando sale de la Tierra, la tripulación de la Apolo 8 disfrutó de las vistas del planeta elevándose mientras orbitaban la Luna desde su módulo de control. Una vista sagrada de proporciones nunca vistas de la primera misión a la Luna sin alunizaje.

ELEMENTO
Agua

ENERGÍA
Vastedad
La expansión

NOTA
Do#

FUEGO Y ROCA

Imagen en la naturaleza
AGUA

COLOR
Negro

MATERIAL
Pigmento

PUNTO CARDINAL
Norte

Fuego y roca

Estamos hechos para la luz de una cueva y para el crepúsculo. En el crepúsculo es cuando mejor visión tenemos. Cuando bajamos la intensidad de la luz, y la pupila se abre, la sensación sale del ojo como el tacto. Es entonces cuando percibes el color y lo experimentas de verdad.

— JAMES TURRELL, artista, de una entrevista con el *Financial Times*, 2013

Los primeros lugares sagrados tal vez fueran espacios que también ofrecían cobijo, protección de los elementos o de los animales salvajes, guaridas excavadas en las profundidades de la roca que se mantenían milagrosamente secas en medio de la tormenta y rezumaban la calidez que proporcionaban la familia y el fuego. Es en estas antiguas paredes de piedra donde nuestros antepasados grababan y pintaban sus historias espirituales, desde las formas de los animales que les proporcionaban supervivencia, carne y pieles hasta los contornos de manos humanas estampadas en la roca, restos fantasmagóricos de encuentros tribales.

Según se cree, el arte sagrado de los accidentados acantilados de arenisca de Australia podría haberse pintado hace un milenio. Las imágenes, que se remontan a 40 000 años atrás, son más antiguas que las pirámides y que Stonehenge, y representan lo que los pueblos aborígenes del lugar denominan *historias oníricas*, una forma de arte que describe la creación del mundo y todas las fuerzas que le dan vida. En Francia, en las profundidades de las cuevas de Lascaux, se conservan algunos de los ejemplos más representativos del arte prehistórico. Descubiertas en 1940, estas cuevas albergan pinturas de animales, así como formas abstractas y símbolos, muchos de los cuales podrían tener más de 17 000 años de antigüedad. En la cueva de Altamira, en España, unas pinturas similares de unos 14 000 años incluyen imágenes de bisontes, caballos y otros animales.

El arte de los abrigos rupestres de Bhimbetka, en India, se remonta a 30 000 años atrás, y representa desde escenas de caza hasta los rituales básicos de la vida cotidiana. En las rocas de las colinas de Tsodilo, en Botsuana, África, hay más de 4000 pinturas antiguas repartidas entre varios yacimientos. El valle del Côa, en Portugal, alberga miles de petroglifos del Paleolítico superior, hace entre unos 22 000 y 10 000 años.

En todo el mundo, nuestros antepasados sintieron el impulso de crear, conmemorar, documentar y, tal vez, venerar. Al resplandor de las llamas, contaban sus historias y adoraban a sus dioses, dejándonos antiguos símbolos de nuestra eterna conexión con la naturaleza, con las plantas y con los animales, con el cielo de arriba y el suelo de abajo.

(pág. 220) Autor desconocido · Dos hombres con máscaras de lobo · Argelia · 7000-6000 a. C. En las cuevas del parque nacional de Tassili n'Ajjer, que significa «meseta entre dos ríos», se encuentran algunas de las pinturas rupestres más importantes del mundo.

Autor desconocido · Pinturas rupestres de Kakadu Australia · Hacia 50 a. C. En el parque nacional de Kakadu hay varios lugares sagrados para los aborígenes que encarnan el espíritu del Sueño. Los nativos, en colaboración con el Gobierno nacional, han logrado proteger la cultura y el medio ambiente.

Je crois que les artistes trouvent consternation et inspiration dans les espaces ouverts. Même s'il y a des murs, il est possible d'imaginer l'espace sans eux. Vous pouvez imaginer l'espace inspiré sans murs pour le contenir. Ces espaces ouverts peuvent intimider s'ils ne sont pas offerts d'une main délicate et confiante. Ce sont les gens qui naviguent dans ces étendues qui en créent les limites ou en font un lieu d'inspiration infini dans le temps et dans l'espace. Les gardiens d'endroits comme le Ballroom Marfa peuvent lancer ou briser la roue inspirationnelle des artistes. Libérez la vaste source de votre esprit ; ici, nous vous aiderons à y parvenir. Voilà comment nous nous y prenons : le paysage sans limites, grand ouvert sur la lumière et les étoiles, le doux roulis du temps, les énormes camions pleins de bétail et la proximité du Mexique font que Marfa inspire énormément d'artistes. Une tasse de café de chez Dairy Queen, une balade en voiture jusqu'au Pinto Canyon sans croiser personne sur la route, les moments ne manquent pas pour réfléchir à ce que vous êtes à l'intérieur. Cet environnement peut vous aider à voir où vous vous placez, à cet instant ou dans cette vie. Marfa offre une rupture profonde avec les bombardements externes et avec nos réactions au contexte urbain. Pour moi, les espaces immersifs du Mexique, les lieux antiques, les pyramides, les autels et les vieilles villes sont autant d'installations qui m'inspirent. Ce sont les artistes et les artisans qui me stupéfient et me galvanisent. Si vous avez de la chance, nous tomberons peut-être sur des interventions contemporaines d'artistes vivants dans ces cadres ancestraux. Et là, vous tiendrez vraiment quelque chose, n'est-ce pas ? Les strates de temps et d'intention se révèlent sous la main de l'homme. La terre. Le temps. L'intervention humaine.

— VIRGINIA LEBERMANN, cofondatrice du Ballroom Marfa, Texas, 2024

(pages 224-225) Maximilien Bruggmann · Les girafes de Dabous · Suisse · 2000 Les girafes de Dabous, une gravure rupestre atteignant 5,4 mètres de haut, sont situées dans le Ténéré, à la lisière du massif de l'Aïr, au Niger. Elles ont probablement été créées il y a entre 7 000 et 10 000 ans.

Anonyme · *La Vénus de Laussel*, ou *Vénus à la corne* France · vers 23 000 av. J.-C. Ce bas-relief représentant une femme a été découvert en 1911 dans la grotte de Laussel, en Dordogne. Il a suscité diverses interprétations, mais toutes s'accordent sur son utilisation magique et chamanique.

(pages 228-229)
Anonyme · Pétroglyphes de Newspaper Rock, Utah · États-Unis 500-1500 Ce site, que les Navajos appellent « Tse'Hone », « la roche qui raconte une histoire », accueille un des plus grands ensembles de pétroglyphes des États-Unis. Gravé pendant la préhistoire et plus tardivement, le pan rocheux a été utilisé comme un mur de communication, où sont représentés des mythologies, le cycle des saisons, des stratégies de chasse… Newspaper Rock fait partie des nombreux sites pétroglyphiques qui émaillent le paysage sacré du Moab, dans l'Utah.

Anonyme · Site pétroglyphique de Three Rivers États-Unis · 900-1400 La vallée de Three Rivers, dans le Sud-Ouest américain, contient environ 21 000 pétroglyphes attribués à la culture Mogollon, aujourd'hui disparue. Ces œuvres géométriques et abstraites semblent raconter une histoire linéaire.

Anonyme · Peinture bochiman (San) · Afrique du Sud · vers 6000 av. J.-C. Haut sur les contreforts du Drakensberg, le peuple san a peint sur la roche des milliers de chevaux, bovins, chiens, moutons, babouins, cochons sauvages, éléphants, serpents, oiseaux et humains.

(page 233)
Michael T. Bies
Rocher 48FR31
États-Unis · 2013
Le site d'art rupestre de la région de Dinwoody est le plus important du Wyoming, où les villages amérindiens disposaient toute l'année d'eau pure, de gibier et de poisson. Les pétroglyphes gravés sur ces falaises, d'une grande complexité, seraient des manifestations des entités locales.

Maximilien Bruggmann · *La Dame de Tagueït* · Suisse 1992 Découverte sur le site d'art rupestre de Tagueït, dans les désertiques monts Aïr du Niger, cette silhouette de femme a été gravée au bord d'une rivière asséchée. Elle daterait de la période équidienne (il y a entre 3000 et 1500 ans).

ÉLÉMENT
Terre

☶

ÉNERGIE
Immobilité
Silence

NOTE
Ré#

AUTELS DES ANCIENS

Image dans la nature
MONTAGNE

COULEUR
Bleu · Vert

MATIÈRE
Pierre

POINT INTERCARDINAL
Nord-Est

Autels des anciens

Ô temples plus clairs que le lys, baignés par le soleil levant!
Ô fables qui éconduisez le connu, esquivez son emprise et montez au ciel!
Vous, tours altières, éblouissantes, pinacles rouges comme la rose, caressés d'or!
Tours des fables immortelles, accouchées de rêves mortels!

— WALT WHITMAN, poète & chercheur, *L'Embarquement pour l'Inde*, 1871

Une pierre dure tordue, gravée et taillée à la main, du bois centenaire, sculpté et assemblé – nos ancêtres ont manifesté créativité et abnégation pour ériger leurs sites sacrés, des cercles de monolithes dressés à Stonehenge aux mystérieuses têtes sculptées de l'île de Pâques, en passant par les totems des Amérindiens du Pacifique nord-ouest.

La construction de temples où adorer dieux et déesses est inscrite à chaque étape de notre évolution spirituelle, par-delà les cultures et les continents. Il y a plus de 2000 ans, par exemple, les Égyptiens créèrent le labyrinthique temple de Karnak, qui se dresse encore aujourd'hui sur les berges du Nil. Dédié aux dieux Amon, Mout et Khonsou, l'immense complexe compte un grand nombre de temples et autres sanctuaires. En Grèce, la culture antique a laissé une marque durable sous la forme de centaines de temples en ruine. Un des plus grands, le Parthénon, dédié à la déesse Athéna lors de sa construction, au Vᵉ siècle av. J.-C., domine l'Acropole d'Athènes.

Au Cambodge, les cinq tours de pierre admirablement sculptées d'Angkor Wat ont été érigées pendant le XIIᵉ siècle et représenteraient le mont Meru, montagne mythique et sacrée. De l'autre côté du globe, dans la péninsule mexicaine du Yucatán, l'antique cité maya de Chichén Itzá fut bâtie sur une période de plusieurs siècles et compte une grande variété de bâtisses et de structures, parmi lesquelles le célèbre temple de Kukulcán. Son édification aurait commencé au VIᵉ siècle et l'alignement avec les astres et la géométrie sacrée ont joué un rôle déterminant dans son organisation géographique. Le Caracol est un observatoire circulaire où les Mayas suivaient la trajectoire des étoiles, jusque dans le temple de Kukulcán, une pyramide à degrés dont les quatre faces comptent 91 marches chacune. En comptant celles du temple qui la coiffe, elle compte au total 365 marches, soit le nombre de jours dans une année solaire. Lors des équinoxes, le soleil jette une ombre sur la pyramide, créant l'illusion d'un serpent obscur qui descend l'escalier monumental. Le désir de définir certains endroits comme des lieux de culte et de prière, le besoin d'ériger des monuments dédiés à la spiritualité, est un élan humain éternel et universel.

(page 234) Geremia Discanno · Planche 3 de Fausto et Felice Niccolini, *Case ed i monumenti di Pompei disegnati e descritti* · Italie · 1854 Discanno se vit confier la mission de dessiner une reproduction de la maison du Poète tragique, dans la cité antique de Pompéi, et de ses mosaïques.

Anonyme · Totems à Stanley Park · Canada vers 1880 Ces totems admirablement façonnés et ciselés par des artisans des Premières Nations se dressent dans un parc public de Vancouver. Neuf d'entre eux ont ainsi été déplacés de zones reculées de la Colombie-Britannique.

(page 238)
Anonyme · Atlantes Mexique · vers 750 Ces statues toltèques hautes de 45 mètres, taillées dans un seul bloc de basalte, surmontent la pyramide dédiée au dieu Quetzalcóatl dans une ville de la vallée sacrée de Tula, qui semble avoir accueilli des cérémonies à grande échelle.

Anonyme · Stèle code d'Hammourabi · Iran 1700 av. J.-C. Le roi Hammourabi de Babylone est représenté à côté de Shamash, le dieu soleil, sur cette plaque de basalte gravée en cunéiforme et découverte en 1901 dans l'antique Suse, mentionnée dans la Bible. Le texte codé énumère les sanctions encourues pour un large éventail de délits et de crimes.

À Marfa, il y a un sentiment de liberté, d'espace ouvert, qui en fait un lieu très propice à la création artistique. À contempler les paysages ouverts de l'ouest texan et à ressentir la sensation de liberté qu'ils procurent, l'esprit aussi tend à s'ouvrir. Vous êtes débarrassé de ce qui vous submerge habituellement, l'information, les bâtiments, la publicité, la lumière artificielle, toutes ces choses qu'il faut affronter et digérer lorsqu'on vit dans un espace densément peuplé. Marfa offre au contraire une étendue désertique sous un ciel infini, et cet environnement naturel offre aux artistes un véritable espace de méditation. Car c'est méditer que de regarder au loin, à perte de vue. L'imagination intervient, remplit cet espace et prend le dessus. C'est un endroit qui permet à l'imagination de se dilater. Une des premières installations réalisées à la galerie était une œuvre d'Ágnes Dénes, qui a fait entrer l'extérieur à l'intérieur. Elle a construit quatre grandes pyramides représentant les éléments. Trois étaient remplies respectivement d'eau du robinet de Marfa, d'huile de moteur recyclée et d'eau du Rio Grande voisin, tandis que la quatrième était couverte de miroirs, de façon à refléter visiteurs et galerie. Nous avons aussi initié les Marfa Sessions*, des installations sonores immersives posées dans toute la ville. Le paysage qui entoure Marfa a également suscité la composition d'une œuvre multimédia intitulée* Kite Symphony. *Invités pour une courte visite, les artistes Roberto Carlos Lange et Kristi Sword ont décidé de prolonger leur séjour à Marfa et ont finalement réalisé un film, une composition et une installation en extérieur, une série de dessins, de sculptures, d'animations et de performances, et un album de musique. Ce sont les résultats d'une collaboration pluridisciplinaire directement inspirée par Marfa. On se sent tout petit dans un tel endroit. La nature et sa puissance rendent humble. Il y a tant d'inconnu, d'espaces inexplorés, mais vous sentez que dans cette petitesse réside un sentiment à la fois d'expansion et de paix.*

— FAIRFAX DORN, conservateur, galeriste & cofondateur du Ballroom Marfa, 2024

Anonyme · Tête olmèque · Mexique · 1000-400 av. J.-C. La tête monolithique repose à Tres Zapotes, dans l'État mexicain de Veracruz. Gravée dans le basalte volcanique, elle représenterait un roi guerrier particulièrement révéré et aurait été utilisée par la civilisation olmèque au cours de divers rituels et cérémonies.

Autor desconocido · Moái junto a la cantera · Isla de Pascua · 1400-1600 Cincelados con meticulosidad en la roca y trasladados misteriosamente hasta su ubicación actual, los icónicos moáis están en la isla de Pascua. Hay más de mil, todos diferentes.

Autor desconocido · Vista del Tesoro · Jordania Siglo I Excavada en la arenisca, la espectacular fachada probablemente se construyó durante el reinado del rey nabateo Aretas IV y sirvió de tumba.

Edgar Barclay · ***Regreso a casa, Stonehenge, Wiltshire***
Inglaterra · **1891** Un pastor y su rebaño vuelven a casa tras la jornada y pasan junto al gran monumento prehistórico en el óleo sobre lienzo de Barclay, un historiador, escritor y conferenciante experto en la historia de Stonehenge.

Al igual que la meditación, los rituales y otras prácticas esotéricas, la peregrinación a un lugar sagrado energético es una manera de acceder a algo que queda fuera del tiempo y el espacio lineales. Intuitivamente, nos sentimos atraídos por las energías, las prácticas y los lugares que pueden ayudarnos a acceder a logros de vidas pasadas y ahondar en la comprensión de nuestra verdadera naturaleza. Esto no siempre es un proceso consciente. A veces, nos atrae un sitio porque allí nos aguarda un don o un elemento que será fundamental para activar niveles superiores de conciencia. Su recuperación puede producirse de una manera completamente inconsciente y, con el tiempo, podría revelarse como un lento comienzo del entendimiento, pero también experimentarse como un destello de percepción o una descarga de conocimiento o poder. Si tenemos una relación lo bastante intensa con un lugar, tal vez deberíamos acceder a varias capas de energía. Si un lugar es lo bastante energético, sobrepasa y sortea el tiempo lineal y la realidad finita, y en ese espacio amplificado nos resulta más fácil acceder a otros ámbitos y cronologías. Las oraciones y los rituales se intensifican, no solo porque el poder del lugar se suma al del practicante y lo potencia, sino porque los velos son más tenues. Todo lugar sagrado tiene energía propia. Determinadas prácticas son más poderosas cuando hay una energía concordante en un determinado lugar. La cueva de Maratika de Nepal, por ejemplo, es uno de los lugares más energéticos del planeta para celebrar el ritual budista tibetano de la Larga Vida. Muchas de las antiguas iglesias y catedrales se construyeron en los cimientos de lugares de culto paganos y, a menudo, los propios paganos practicaban en lugares que, como en el caso de Stonehenge, se habían construido miles de años antes. Durante milenios ha existido la creencia de que la práctica en lugares sagrados y en los portales, vórtices y líneas ley sobre los que están construidos potencia el poder del individuo y su práctica. Cuando se utilizan con las mejores intenciones, estos lugares sagrados pueden ayudarnos a acceder a las partes más grandes de nosotros mismos y a desbloquearlas.

— SANTOSH KHALSA, estudiosa y profesora de meditación, 2024

Frederic Sordeau · *Monjes budistas en la parte interior del templo de Bayon de Angkor Thom* · Camboya 2019 El templo, situado en el centro del recinto, representaba el monte Meru en la tierra, que es el centro del universo. Diseñado como un mandala, refleja el cosmos. En la parte más interior del templo hay una torre central rodeada de ocho torres más pequeñas adornadas con caras.

Autor desconocido
Cuerda de paja shimenawa en Izumo Taisha · Japón · 1744 A la entrada del santuario sintoísta japonés cuelga una enorme cuerda de paja para proteger de los malos espíritus. Mide unos 13 metros de largo y pesa unas cuatro toneladas. Se dice que, todos los años, en octubre, los dioses se reúnen en Izumo Taisha.

Autor desconocido
Chichén Itzá · México
Siglo VI Conocida como el templo de los Guerreros, es probable que la pirámide diseñada astrológicamente acogiera grandes multitudes con fines ceremoniales, incluidos sacrificios humanos, que revestían gran importancia para la sociedad maya. Un gran *chac mool* descansa en el centro de la cumbre, y se descubrió otro quemado en una cámara subterránea.

Kees Scherer · *Relieve del templo de Edfu* · Egipto 1968 El templo de Edfu se erige en el lugar donde tuvo lugar la batalla entre el poder del bien y el mal de los antiguos dioses egipcios Horus y Set. Construido por la dinastía ptolemaica, el templo está profusamente adornado con relieves de dioses, faraones e inscripciones, y es uno de los lugares sagrados mejor conservados de Egipto.

ELEMENTO
Tierra

☳

ENERGÍA
Movimiento
Crecimiento

NOTA
Mi#

LA TIERRA SEMBRADA

Imagen en la naturaleza
TRUENO

COLOR
Verde

MATERIAL
Tierra

PUNTO CARDINAL
Este

La tierra sembrada

El mejor lugar para encontrar a Dios es en un jardín. Puedes buscarlo allí.

— GEORGE BERNARD SHAW, escritor y jardinero, de un discurso del inicio de la década de 1900

El jardín es un símbolo clave y el eje central de mitologías espirituales de muchos credos y desde tiempos remotos. Para muchas de las primeras tradiciones, los jardines desempeñaban un papel fundamental en los mitos del origen y del más allá. A menudo representados como un reino creado por los dioses, se consideraban tanto un lugar donde nacía la humanidad como un santuario al que volvíamos al morir, como recompensa por haber llevado una vida virtuosa.

Los antiguos griegos creían que los Campos Elíseos eran el paraíso donde las almas encontrarían descanso y la felicidad eterna. La mitología griega también hablaba del jardín de las Hespérides, donde las ninfas vigilaban un árbol con manzanas de oro que, si se comían, otorgaban la inmortalidad. En la tradición judeocristiana, el jardín del Edén era donde vivían felices Adán y Eva antes de que Dios los expulsara.

Los jardines colgantes de Babilonia, considerados una de las siete maravillas del mundo antiguo, se cree que fueron un inmenso recinto construido por el rey Nabucodonosor II para su esposa, un lugar consagrado al amor. Los majestuosos jardines del Taj Mahal, en India, rodean el emblemático palacio con un exuberante despliegue de follaje y flores inspirado en los conceptos espirituales del paraíso. Todo lo contrario que los minimalistas jardines secos del templo de Ryoan-ji, en Kioto, tal vez los jardines zen más conocidos de Japón.

El jardín como espacio mítico y de meditación, como lugar de redención e inspiración, es un componente simbólico de una infinidad de tradiciones espirituales. En la Europa del siglo XII, la abadesa, mística, artista y herbolaria alemana Hildegarda de Bingen cuidaba un magnífico jardín medicinal, y su abadía no solo era un santuario religioso, sino también un lugar para la sanación tanto espiritual como física. De Bingen documentó sus estudios de las plantas medicinales en un manuscrito de nueve volúmenes titulado *Physica*. Teóloga visionaria, sus prolíficos escritos expresaban opiniones radicales sobre la naturaleza como la encarnación de Dios. Para ella, el jardín, la hierba verde y las flores en plena floración eran sagrados, como sacramentos. Suyas son estas palabras: «Observa la belleza de la vegetación de la tierra. [...] Toda la naturaleza está a disposición de la humanidad».

(pág. 250) Autor desconocido · Pintura mural de la Casa de la Pulsera de Oro (detalle) · Italia · Siglo I Conocida como la Casa de la Pulsera de Oro por el hallazgo del cuerpo de una mujer que llevaba esta joya en perfecto estado de conservación, es una de las residencias más opulentas de Pompeya.

Autor desconocido · *El unicornio descansa en el jardín* · Países Bajos · 1495-1505 Uno de los siete tapices conocidos como «La caza del unicornio», lleno de una densa vegetación y de detalles. El fino hilo de lana y seda representa 101 variedades de plantas, cada una con un significado religioso.

Autor desconocido
Señora sentada con un espejo en un jardín
India · 1909 Las músicas tocan para una mujer y su asistente en esta miniatura india. Este tipo de obras, conocidas como pinturas de bazar, se caracterizan por una combinación de estilos occidentales y el imaginario indio tradicional, y representan distintos motivos religiosos y seculares.

Jean Cotelle · ***Los bosques de Versalles. Vista del laberinto con Diana y sus ninfas*** **· Francia · 1688** Las 21 pinturas de *Los bosques de Versalles* representan todas las arboledas de los vastos y cuidados jardines del palacio. El exhaustivo diseño ilustra un laberinto, fuentes mitológicas y estatuas. Las pinturas de Cotelle actualmente se exhiben en el palacio del Gran Trianón, un lugar de descanso y recreo en los jardines de Versalles, los cuales fueron diseñados por el paisajista francés André Le Nôtre.

(pág. opuesta) CiCi Suen · *The Garden Maze* · Inglaterra 2017 El dibujo a carboncillo y pastel de CiCi Suen, que ilustra el mundo secreto que solo puede hallarse en un jardín, permite al espectador entrar en un laberinto de misterio sin contexto en esta ilustración de un libro infantil.

Dorothy Eugénie Brett · *Umbrellas* Inglaterra/Estados Unidos · 1917 Miembro del círculo de Bloomsbury, un colectivo de artistas y escritores, Brett pinta a su grupo creativo formado por Julian Morrell, Aldous Huxley, la propia Brett, Ottoline Morrell, Lytton Strachey y, en segundo plano, John Middleton Murry y Katherine Mansfield.

Lucas Cranach el Viejo · *La edad de oro* Alemania · 1530 En este baile festivo en un jardín secreto, el artista imagina una escena utópica; tal vez sueña con un mundo en el que seguimos estando en el paraíso amurallado del Edén.

Desde hace mucho, las comunidades forman parte de la sociedad como entidades espirituales. Aun así, una comunidad intencional me resulta más orgánica. Nace de una visión concreta y busca cubrir las necesidades de los individuos que la conforman o se sienten atraídos por ella. De modo que, para mí, tiene un carisma más dinámico que, por decir algo, una comunidad tradicional que se remonta a la Edad Media y sigue una «Norma» abstracta y rituales estrictos. Los miembros tienen más oportunidades de participar en la implementación de la visión y la misión de la comunidad. Asimismo, las comunidades intencionales puede que abracen más estilos de vida y trasfondos diversos que las comunidades religiosas tradicionales que solo han aceptado a los renunciantes como candidatos de su infraestructura espiritual. El origen del ashram *fue único. Se originó a partir de una directriz Divina de su fundadora, Alice Coltrane Swamini Turiyasangitananda, en lugar de una «gran idea» de alguien. A partir del concepto y las prácticas, lo vi como un vórtice espiritual cuyo precioso entorno natural de montañas, riachuelos y sonidos ofrecía un lugar apacible para que los inquiridores espirituales llevaran a cabo sus prácticas de un modo que hubiera sido imposible en un entorno urbano. Nuestros servicios de culto semanales, denominados* kirtan, *estaban llenos de intención consciente y veneración sincera. El servicio incluía un discurso espontáneo de un maestro espiritual que concluía con su oración llena de espíritu para todos los presentes. Le seguía un canto* bhajan *de llamada y respuesta que incluía cánticos en sánscrito acompañado del maestro al órgano. Los instrumentos de percusión potenciaban los cantos. La filosofía que se enseñaba no era el hinduismo, como muchos suponen, que surgió después del* vedanta. *El objetivo principal era que los aspirantes comprometidos descubrieran el verdadero propósito de la vida humana, la comprensión de Dios: volver a estar en consonancia con su dios-Yo divino a través de la devoción pura de Dios.*

— SHANKARI ADAMS,
educador, practicante de meditación y autor de
Portrait of Devotion: Spiritual Life of Alice Coltrane Swamini Turiyasangitananda, 2018

Hazel Florez · *Danu's Garden* · Inglaterra 2022 Danu es la diosa celta de la naturaleza y la fertilidad. También se asocia con las hadas, los ríos y los lagos. Pintada en un espectro sobrenatural de la naturaleza y sus seres viviendo en armonía, su dominio florece.

(siguiente) Lodewijk Toeput · *Jardín de placer con laberinto* · Flandes/ Italia · 1579-1584 Conocido por sus jardines formales, Toeput pinta un laberinto en una fantástica escena natural con un fondo veneciano y una celebración de los placeres de la vida.

Autor desconocido
Abadía de Sénanque
Francia · 1148
Rodeado por un valle de campos de lavanda, el monasterio cisterciense del siglo XII sigue habitado por una comunidad de monjes, tras una historia de destrucción durante las guerras de religión.

(pág. opuesta, arriba) Autor desconocido · *Festival holi en un jardín amurallado con oficiantes* · India Hacia 1764 La colorida celebración india del holi marca el alegre tránsito del invierno a la primavera y el triunfo del bien sobre el mal.

(pág. opuesta, abajo) Gustav Klimt · *Jardín de flores* · Austria · 1907 El artista representa una escena de jardín dulce y emotiva en estilo impresionista en la tercera pintura más cara jamás vendida en Europa.

Lucian Freud
Garden, Notting Hill Gate **· Inglaterra**
1997 Célebre por sus plazas ajardinadas y sus jardines privados y comunitarios, Notting Hill es la escena verde de la pintura del nieto de Sigmund Freud, que supone un cambio radical de sus habituales retratos.

Edward James · ***Las Pozas*** **· Inglaterra · 1949-1984** El poeta británico Edward James materializó su visión surrealista de las profundas selvas de México con la construcción de estas fantásticas estructuras de hormigón de unas proporciones extravagantes. Al igual que una ciudad antigua perdida en el tiempo, están ocultas en su bosque de 30 hectáreas como un magnífico testimonio de su genialidad y su empeño por construir su propio jardín del Edén.

ELEMENTO
Madera

ENERGÍA
Estable
Arraigada

NOTA
FA#

SUBLIME ASCENSIÓN

Imagen en la naturaleza
VIENTO · AIRE

COLORES
Morado · Azul

MATERIAL
Piedra

PUNTO ORDINAL
Sudeste

Sublime ascensión

La Gran Pirámide no era un faro, un observatorio ni una tumba, sino el primer templo de los Misterios.

— MANLY P. HALL, filósofo e inquiridor, de *Las enseñanzas secretas de todos los tiempos*, 1928 (esp. 2011)

Alzándose hasta llegar a los confines del cielo, la estructura de la pirámide es ubicua a escala global, una arquitectura sagrada para una gran diversidad de culturas, a menudo construida como monumento para un poder supremo y como espacio para ceremonias religiosas, funerarias y espirituales de toda índole. Muchas pirámides se construyeron alineadas astronómicamente con el sol, la luna o las estrellas y solían albergar las tumbas de líderes, puesto que se consideraban un pasaje directo al más allá. Tal vez las más conocidas sean las de Egipto, erigidas originalmente como sepulcros, la más grande de las cuales es la Gran Pirámide de Guiza en honor del faraón Keops. Este gran recinto de templos empezó a construirse durante el Imperio Antiguo, entre 2580 y 2560 d. C. aproximadamente. Las antiguas pirámides ejemplifican hitos de la ingeniería arquitectónica que aún hoy resultan impresionantes. Las piedras de Guiza se cortaron por manos expertas, y muchas de las estructuras están alineadas con precisión con los puntos cardinales, los movimientos principales del cielo o las estaciones del año.

Muchas otras culturas antiguas de lugares remotos también construyeron edificios piramidales comparables. En India, el Imperio maurya erigió templos funerarios parecidos llamados estupas. Estas estructuras, como la gran estupa de Sanchi, eran monumentos religiosos budistas. En la antigua China, también se construyeron pirámides de arcilla para enterrar a los emperadores y los nobles durante las dinastías Shang, Zhou y Han.

Mientras tanto, al otro lado del charco, para las antiguas civilizaciones mesoamericanas la pirámide era sagrada, un lugar de ceremonias y rituales. En Teotihuacán, México, las pirámides del Sol y de la Luna, construidas hace casi 2000 años, eran lugares de culto importantes. También en México, Kukulcán, en Chichén Itzá, sigue siendo tal vez una de las pirámides mayas más emblemáticas, que también hace gala de técnicas arquitectónicas avanzadas. De acuerdo con algunos investigadores, la atenta observación del diseño y la orientación de las pirámides mesoamericanas revela que estas estructuras no solo se utilizaban para ceremonias espirituales, sino también para el estudio y la observación astronómicos.

La propia forma piramidal es un ejemplo de geometría sagrada y tiene un profundo significado simbólico, donde cada lado converge en un mismo punto, lo que, para muchas tradiciones, representa una conexión entre los reinos terrenal y divino.

(pág. 266) **Autor desconocido · *Akenatón* · Estados Unidos · 1984** En el artístico cartel de la ópera en tres actos de Philip Glass, Akenatón entra elegantemente en una pirámide en dirección al sol. Es la historia del faraón egipcio que basó toda una religión en torno a Atón, el dios del disco solar.

Autor desconocido · Piramidión de Iufaa · Egipto 664-525 a. C. Grabado para Iufaa, un sacerdote de Osiris, el señor del inframundo, este piramidión de paredes empinadas se descubrió en el yacimiento de Abidos, donde antiguamente habría coronado su templo sagrado.

Autor desconocido · Los locales ayudan a los turistas a subir a la pirámide de Guiza · Egipto · Hacia 1850 Apostados a lo largo del recorrido de casi 140 metros, los egipcios ayudaban a los turistas a trepar hasta la cima de la Gran Pirámide. Como medida de conservación, hoy día está prohibido.

Hubert Robert · *Alejandro Magno visita la tumba de Aquiles* · Francia · 1760 El artista francés imagina el supuesto cementerio de Troya, donde falleció Aquiles. Se rumoreaba que era un lugar ritual al que acudían muchas figuras históricas de renombre.

Ahmed Karaly ***A Pyramid in Other Vocabularies*** **· Egipto 2022** La escultura de Ahmed Karaly es una pirámide iluminada moderna de la instalación de varios artistas *Forever is Now*, en las arenas de la meseta de Guiza. A partir de una perspectiva actual de la construcción de una pirámide, su objetivo era erigir una estructura geométrica con una visión contemporánea de los principios que rigen la forma.

Autor desconocido La Gran Esfinge y las pirámides de Guiza Egipto · 1924 Manly P. Hall describió su exploración de las pirámides con estas palabras: «La Gran Pirámide no era un faro, un observatorio ni una tumba, sino el primer templo de los Misterios, la primera estructura levantada como depósito de aquellas verdades secretas que son la base cierta de todas las artes y las ciencias».

Autor desconocido · Pirámide de Meidum · Egipto Siglo III a. C. Originalmente de siete alturas, la pirámide de Meidum fue construida por el primer faraón de la cuarta dinastía, Seneferu. Fue la primera pirámide de lados rectos de Egipto.

Tengo una profunda conexión con las antiguas tierras sagradas de Kemet, también llamadas Egipto. Este territorio ha sido una parte fundamental de mi camino durante mucho tiempo. Suelo peregrinar allí y organizo viajes de iniciación para quienes sienten la llamada. Este lugar cala muy dentro de mí por la profundidad de la arquitectura sagrada, las sagradas y fértiles aguas del Nilo, la cartografía celeste que replica los reinos celestiales en la tierra y los antiguos rituales de ofrendas que acompañan todas las relaciones interdependientes. Entre estas maravillas se encuentra la Gran Pirámide. Forma parte de la única maravilla de la antigüedad que sigue en pie y está en armonía con los lugares sagrados de todo el mundo. Después está la Esfinge, cuya verdadera edad es todo un misterio. Juntas, estas estructuras forman parte de una magnífica red de pirámides y templos, tanto en la superficie como bajo tierra. Están sincronizadas con determinados sistemas estelares, formando lo que se conoce como un mapa de relaciones de la Media Áurea. Los misterios de estos lugares sagrados se desvelan continuamente, revelando partes más profundas de nosotros mismos, nuestros orígenes y quiénes somos en realidad. Teniendo en cuenta que aún queda mucho por descubrir en estas tierras, y en lugares sagrados de todo el mundo, nunca dejaremos de aprender. Cuanto más sepamos de estos lugares, más recordaremos partes más profundas de nosotros mismos, nuestros orígenes y quiénes somos en realidad. El compromiso con estos misterios, tanto físicamente como a través del estudio, despierta dotes internas e inteligencias. Este despertar nos permite crear un legado de belleza y pertenencia. Está al servicio de la red de la vida para las futuras generaciones, ayudándonos a recordar las partes más profundas de nosotros mismos y nuestros orígenes.

— ISIS INDRIYA, estudiosa y fundadora de la Academy of Oracle Arts, 2024

(págs. 276-277) **Manzel Bowman** *End Game* · Estados Unidos · 2016 Con una fusión del afrofuturismo, el *collage* y la ciencia ficción, la psicodelia faraónica de Bowman altera vibrantemente las tergiversaciones de la cultura negra. Sus paisajes y figuras digitales trascienden la narrativa normativa estadounidense.

Hilma af Klint · *Retablo n.º 1* · Suecia · 1915 Uno de los tres cuadros que se conocen como «las pinturas para el templo», esta emblemática obra guarda relación con la filosofía espiritual teosófica de la evolución como ascensión de arriba abajo, y viceversa. La pirámide es la cumbre del conocimiento místico y el reconocimiento de la existencia.

(pág. opuesta) John Augustus Knapp *Pitágoras* · Estados Unidos · 1926 Pitágoras sostiene una pirámide tridimensional para demostrar su célebre teorema. Creía en la relación entre los números y las formas geométricas, y pensaba que todo el cosmos estaba construido a partir de triángulos rectángulos.

(arriba) Autor desconocido · Pirámide de Kukulcán en Chichén Itzá · México · Siglo VIII El Castillo, o la pirámide de Kukulcán, se construyó en el siglo VIII y es uno de los ejemplos más emblemáticos de la arquitectura espiritual mesoamericana.

(abajo) I. M. Pei · Pirámide del Louvre · Francia 1989 Con un guiño a la antigua arquitectura sagrada, el arquitecto Ieoh Ming Pei creó una nueva entrada para el célebre museo del Louvre con su pirámide del patio Napoleón.

J.A.KNAPP. 26

ELEMENTO
Fuego

ENERGÍA
Radiante

NOTA
Sol#

TEMPLOS DE ORIENTE

Imagen en la naturaleza
FUEGO · RESPLANDOR

COLOR
Rojo

MATERIALES
Madera · Piedra

PUNTO CARDINAL
Sur

Templos hinduistas y budistas

Muerdo un caqui
y suenan las campanas.
Templo de Horyu-ji.

— SHIKI MASAOKA, poeta y escritor, 1892

Los templos y los santuarios hinduistas, budistas y de otras religiones orientales están marcados por el mismo afán y la misma búsqueda que la arquitectura sagrada occidental: los edificios centenarios de piedra tallada y madera grabada destinados al culto y la enseñanza espiritual.

Los templos de Angkor Wat, en Camboya, que datan del siglo XII, son unos de los monumentos religiosos más grandes del mundo. Harmandir Sahib, también conocido como el templo Dorado, de Amritsar, en India, es un lugar de culto para los sijes que se construyó en el siglo XVI. En China, el templo del Cielo, de principios del siglo XV, es posible que tuviera un papel destacado en las ceremonias imperiales de las dinastías Ming y Qing. En Myanmar, al parecer la pagoda de Shwedagon alberga las reliquias de Buda, lo que durante siglos ha atraído multitud de peregrinos. La estupa central está cubierta de oro y se dice que tiene incrustados miles de diamantes y otras piedras preciosas.

En Japón, el santuario de Itsukushima, en la isla de Miyajima, cuenta con una espectacular puerta, o torii, que parece flotar cuando sube la marea. Los torii se encuentran a la entrada de muchos santuarios sintoístas y están formados por dos columnas verticales coronados por un travesaño, una especie de puerta que simboliza la transición del mundo seglar al espacio sagrado del interior. El ornado santuario de Meiji, en Tokio, construido en 1920 en honor del emperador Meiji y su esposa, la emperatriz Shoken, se encuentra en una gran franja de terreno forestal de la ciudad. Es un ejemplo de la arquitectura tradicional japonesa y cuenta con magníficos jardines. En la ciudad de Kioto, el templo zen de Tofuku-ji también es conocido por sus bellos y serenos jardines. También en Kioto, el complejo de templos de Daitokuji es uno de los más grandes de Japón y se considera el lugar más destacado para la práctica zen.

Ya sea rezando en salones profusamente adornados con oro o meditando en jardines secos o plantados siguiendo un ritual, los espacios sagrados siguen unidos por la misma intención. Son lugares construidos para acentuar la imperecedera conexión de la humanidad no solo con el espíritu, sino también con nosotros mismos.

(pág. 280) **Autor desconocido** · ***Swayambhunath*** **Nepal** · **Siglo** VI La gran estupa de *dharmakaya* del palacio-templo del valle de Katmandú, que también se conoce como el templo de los Monos, es un importante lugar de peregrinación para los budistas.

Alice S. Kandell · ***Los lamas tocan la trompa en la puerta del templo, Sikkim*** · **Estados Unidos** · **Hacia 1970** Los monjes están fotografiados tocando el *gyaling*, un instrumento de viento tradicional típico de los monasterios tibetanos que se asocia con las deidades pacíficas y la idea de la devoción.

(pág. opuesta)
Hasui Kawase
Tarde de primavera en el santuario de Toshogu en Ueno · Japón · 1948
El santuario consagrado al líder samurái Tokugawa Ieyasu, el guerrero más conocido de Japón, es un lugar de culto para los sintoístas. El pintor y xilógrafo Hasui Kawase retrata su pagoda de cinco alturas.

Autor desconocido
Yogui del libro *Asanas y mudras* · India
Siglo XIX El manual decimonónico de *hatha* yoga describe las posturas corporales y los gestos manuales que se realizan para concentrar la energía en la buena salud y la evolución espiritual. El yogui practica en la escalera de lo alto de un templo.

春の夕（上野東照宮）

昭和廿三年作

(anterior) Autor desconocido · Paro Taktsang Bután · 1692 El monasterio de Taktsang, o Nido del Tigre, está en la ladera de una montaña. Es el sitio sagrado de meditación donde Padmasambhava, o gurú Rinpoche, impartió sus enseñanzas del budsmo *vajrayana* y donde enseñó a Yeshe Tsogyal.

Gyula Tornai · *En el santuario* · Hungría · 1907 Una japonesa vestida con el traje tradicional hace sus súplicas a la deidad consagrada en un templo profusamente decorado. Gyula Tornai era un pintor de fama internacional que reproducía escenas del mundo oriental.

Autor desconocido
Palacio de Suan Pakkad, pabellón Lacado
Tailandia · Siglo XVII
Lo que hoy día es un museo, antiguamente formaba parte de un palacio construido en Ayudhya, la cuna de Tailandia. Se trasladó dos veces antes de instalarse definitivamente en su ubicación actual y restaurarse con su esplendor original, con murales lacados en negro y dorado que representan la vida de Buda y el texto épico indio *Ramayana*.

Autor desconocido
Piedra mani budista
India · Fecha desconocida En una piedra del norte de India está pintado el mantra «Om mani padme hum» junto a una talla de Padmasambhava. El mantra es una oración budista tibetana asociada con el *bodhisattva* Avalokiteshvara. Las rocas pintadas con este mantra bordean los caminos y los muros que conducen a los templos o las estupas.

(siguiente) Kenro Izu *Angkor #158. Camboya (templo de Ta Prohm)* Japón · 1996 Con las paredes en ruinas engullidas por las raíces de un enorme árbol centenario, el templo consagrado a la madre del rey budista Jayavarman VII, que antiguamente estaba profusamente decorado, se ha convertido en un armazón destartalado, como se aprecia en la platinotipia.

Autor desconocido · Mural de la pagoda de Plata Camboya · 1903-1904 La pagoda de Plata de Phnom Penh está rodeada de muros pintados con un enorme fresco que ilustra el clásico texto épico indio del *Ramayana* (la versión camboyana es el *Reamker*). El mural incluye la batalla de Lanka.

Autor desconocido · *Confucio presenta el pequeño Buda Gautama a Lao-Tsé* · China · Siglo XIX El *San jiao*, o las tres enseñanzas, se refiere al confucianismo, el taoísmo y el budismo, que conviven en armonía, y está simbolizado por los maestros fundadores que representan sus religiones.

Autor desconocido Indra Sabha en la cueva XXXII · India · Siglo IX Situada en Ellora, India, la cueva con el dios Indra sentado sobre su elefante Airavata está excavada en un acantilado de basalto. Capturada en esta foto hacia 1874, es parte de una monumental serie de más de 1,5 kilómetros de longitud de cuevas, templos y monasterios excavados en la roca.

Autor desconocido Templo de la cueva de Kailasa en Ellora · India Siglo VIII Construido en honor del dios Shiva, el templo exquisitamente esculpido lo encargó la reina Elapura tras pedirle que librara a su marido de una enfermedad incurable. El rey mejoró, y la construcción pronto se puso en marcha.

(pág. opuesta) Autor desconocido · Templo hinduista de Sri Venkataramana Swamy · India 1689 En India hay un grupo de templos de intrincados diseños. Célebres por las esculturas eróticas, el arte, la arquitectura y el simbolismo indios, cada uno lleva el nombre de un dios.

12
13
14
6
5
7
3
4

ELEMENTO
Tierra

☷

ENERGÍA
Receptiva

NOTA
La#

LUGARES DE CULTO

Imagen en la naturaleza
TIERRA

COLORES
Rosa · Blanco

MATERIALES
Piedra · Cristal

PUNTO ORDINAL
Sudoeste

Iglesias, mezquitas y sinagogas

Las ideas fundamentales para crear un espacio sagrado tienen que ver con la verdad y la autenticidad, una búsqueda de la claridad, la paz, la transparencia y el anhelo de tranquilidad, un lugar para evocar otras experiencias de modo inspirador. Y, para expresar la espiritualidad, el arquitecto tiene que pensar en el material original de la arquitectura, el espacio y la luz.

— RICHARD MEIER, arquitecto y artista, de una entrevista, 2014

Desde catedrales de piedra abovedadas hasta mezquitas intrincadamente decoradas, pasando por antiguas sinagogas, todas estas construcciones están hechas para rendir tributo al dios elegido. La arquitectura de las principales religiones da cabida tanto a la devoción como a la exaltación de millones de individuos.

La Gran Mezquita de La Meca, junto con la Kaaba, es una de las mezquitas más relevantes y sagradas del mundo. Situada en Arabia Saudita, es el lugar más sagrado del islamismo, al que cada año peregrinan millones de musulmanes para el Hajj. Otra mezquita conocida es la del Sultán Ahmed, o mezquita Azul, de Estambul, Turquía. Construida a principios del siglo XVII, destaca por sus seis minaretes únicos y la intrincada decoración de azulejos azules. La Gran Mezquita de Sheikh Zayed de Abu Dabi también es digna de mención: destaca por su arquitectura islámica moderna y el impoluto exterior de mármol blanco.

En la Ciudad del Vaticano de Roma, la basílica de San Pedro, la iglesia católica más grande, tiene aforo para 60 000 devotos. En el techo de la Capilla Sixtina, en el Palacio Apostólico, Adán estira el brazo, buscando eternamente la mano de Dios, en el célebre mural de Miguel Ángel. En Francia, la catedral de Notre Dame de París, del siglo XII, se considera una maravilla de la arquitectura gótica. En España, el visionario arquitecto Gaudí empezó a construir la Sagrada Familia en 1883, un proyecto que sigue en marcha. Obra maestra del modernismo catalán, la basílica destaca por sus singulares diseños, que combinan elementos góticos y modernistas para crear una maravilla arquitectónica única.

El Muro de las Lamentaciones, o Muro Occidental, probablemente sea el sitio religioso más conocido del judaísmo. Situado en la ciudad antigua de Jerusalén, es el lugar más sagrado para los judíos. La sinagoga Hurva, en el barrio judío de Jerusalén, es otra sinagoga destacable, conocida por su tragaluz en forma de cúpula y la intrincada decoración interior.

Con su tamaño descomunal, la compleja mano de obra y las continuas transformaciones, estos sitios religiosos no solo son sagrados, sino también profundamente inspiradores para gente de todas las creencias. Son espacios donde la habilidad artística y la arquitectura, la creatividad y la devoción se unen y se fusionan.

(pág. 296) Dmitri Kessel · *El pintor Henri Matisse en la capilla del Rosario* · Ucrania/Estados Unidos 1951 Construida y embellecida entre 1947 y 1951 por el artista Henri Matisse, la capilla del Rosario de Vence es una pequeña capilla católica de esta población de la Costa Azul.

Mohammad Reza Domiri Ganji · *Mezquita del sah, Irán* · Emiratos Árabes Unidos · 2014 Una maravilla del arte islámico, la cúpula de la mezquita de Isfahán, en Irán, se considera una obra de arte: está adornada con exquisitos mosaicos magistralmente dispuestos en forma de complejas composiciones.

(pág. opuesta) France Depré · Gran Sinagoga de Edirne (interior)
Francia · 1906-1909
En época otomana, Edirne contaba con una gran comunidad judía. La Gran Sinagoga se construyó en 1905, después de que un incendio destruyera numerosas sinagogas. Cuando la comunidad judía se fue de la ciudad, la Gran Sinagoga quedó abandonada y se deterioró. En 2015, el Estado turco la restauró.

Pieter Jansz. Saenredam
Interior de la catedral de San Bavón de Haarlem
Países Bajos · 1636
Según parece, la catedral gótica de San Bavón de Haarlem es la iglesia que reprodujo más veces: entre 1628 y 1660, pintó al menos 12 obras artísticas del interior de esta catedral.

Autor desconocido
El cometa Donati sobre Notre Dame · Francia
1877 Descubierto por el astrónomo italiano Giovanni Battista Donati, el cometa fue el más luminoso y cercano a la tierra que se había visto y fotografiado jamás. La ilustración del vuelo del cometa sobre Notre Dame la publicó el periodista científico francés Amédée Guillemin en *Le Ciel*.

(pág. opuesta)
Jerry de Wilde
Spiral Stairwell/ Nativity Tower/ La Sagrada Família
Estados Unidos · 1969
Construida con la intención de ser una obra maestra universal del simbolismo cristiano, la fachada de la épica torre del Nacimiento se alza imponente sobre la enorme basílica de diseño geométrico y caleidoscópico de Antoni Gaudí. La escalera de caracol del último hito arquitectónico de Gaudí está inspirada en la sucesión de Fibonacci.

Pascal Lemaître
Nuestra Señora de Todas las Gracias
Francia · 2013
La iglesia de Nuestra Señora de Todas las Gracias de la meseta de Assy, en Francia, diseñada por Maurice Novarina, causó rechazo por el encargo de obras de arte a artistas conocidos pero profanos, como Pierre Bonnard, Marc Chagall, Ferdinand Léger, Jacques Lipchitz, Jean Lurçat y Henri Matisse.

Kenny Scharf y Okuda San Miguel Iglesia Internacional del Cannabis (interior) Estados Unidos · 2017 Los elevacionistas, la congregación de la Iglesia del cannabis de Denver, usan «la flor sagrada» para alcanzar estados superiores de conciencia para ganar autocontrol. El afamado artista neoyorquino Kenny Scharf y el muralista español Okuda San Miguel consagraron las paredes y los techos con los sorprendentes colores del arcoíris.

(siguiente) Andrea Pozzo · *La entrada de San Ignacio en el Paraíso* Italia · 1685-1694 Los intrincados detalles del fresco de San Ignacio de Loyola, el soldado y teólogo español que fundó la Compañía de Jesús.

(pág. opuesta, arriba) Muhammad Salih · *Techo de la madrasa de Abdulaziz Khan* · Uzbekistán · 1652 La madrasa de Abdulaziz Khan, un monumento arquitectónico con motivos islámicos de llamativos colores y ornamentos dorados, fue construida en 1652 por el kan de Bujará en Uzbekistán.

(pág. opuesta, abajo) Mohammad Hasan-e-Memār y Mohammad Rezā Kāshi-Sāz-e-Širāzi · *Mezquita Nasir al Molk* · Irán · 1888 Con una decoración majestuosa, la mezquita de Shiraz, en Irán, también llamada mezquita Rosa o Arcoíris, se convierte en un caleidoscopio cuando el sol ilumina los vitrales.

EVROPA
ASIA

AFRICA

James T. Hubbell · *Sea Ranch Chapel* · Estados Unidos · 1985 Robert y Betty Buffem, dos habitantes de Sea Ranch, en California, construyeron la capilla como un santuario aconfesional para meditar y orar. Diseñada por Hubbell, sigue su filosofía de crear entornos residenciales en armonía con la naturaleza.

Autor desconocido Iglesia de San Jorge Etiopía · Siglo XIII Llamada Bete Giyorgis en Etiopía, la iglesia subterránea excavada en roca fue construida por el rey Lalibela para venerar a uno de los santos guerreros más célebres del cristianismo.

(pág. opuesta, arriba) Manly P. Hall · *Mezquita de la perla – Moti Masjid (fuerte de Agra)* · Estados Unidos · 1924 La mezquita del siglo XVII, hecha de mármol blanco, la construyó el sah Jahan, un emperador mogol.

(pág. opuesta, abajo) Lloyd Wright *Capilla Wayfarers* Estados Unidos · 1951 Capilla hecha por Lloyd Wright, hijo de Frank Lloyd Wright, en honor del científico y teólogo Emanuel Swedenborg.

(pág. 312) Sander Berg *The Church Grim* Suecia · 2020 Ilustrado en su forma de espíritu por Berg, el *kyrkogrim* de la Iglesia escandinava es una criatura del folclore que se enterraba en los cimientos de las iglesias antes de construirlas para protegerlas y guardarlas para siempre.

(pág. 313) Autor desconocido Iglesia de madera de Gol · Noruega · 1884 Hecha de madera tallada con sumo detallismo, esta iglesia reconstruida de Noruega está adornada con cabezas de dragón, follaje y serpientes.

(págs. 314-315) Ludwig Förster *Hejal de la Gran Sinagoga de la calle Dohány* · Hungría 1859 El arquitecto de la sinagoga la creó con el convencimiento de la ausencia de un estilo judío definitivo. El diseño final está inspirado en la ornamentación islámica, del norte de África y de la España medieval.

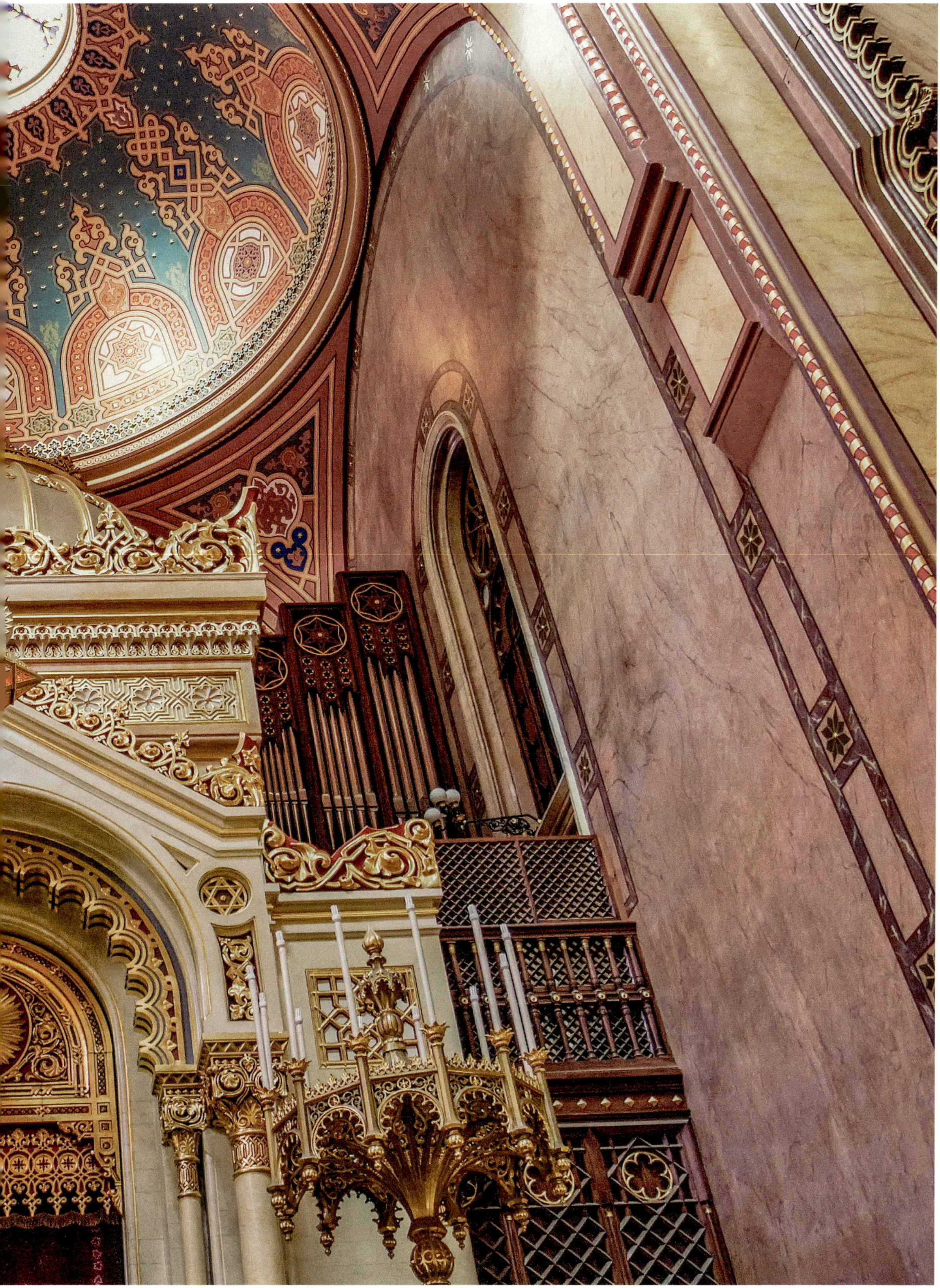

ELEMENTO
Metal

ENERGÍA
Dichosa

NOTA
Si#

ESPACIOS DE REFLEXIÓN

Imagen en la naturaleza
LAGO · PANTANO

COLOR
Blanco

MATERIALES
Tierra · Madera

PUNTO CARDINAL
Oeste

Monasterios y centros de meditación

Cuanto menos quedaba de mí, más feliz era.

— LEONARD COHEN, poeta, músico y meditador, hacia la década de 1980

Construidos para retirarse, respirar y sentarse en silencio y en aislamiento con el fin de oír mejor las enseñanzas de dios o el espíritu, los monasterios y centros de meditación de todo el mundo representan una gran variedad de dogmas y prácticas religiosas. Por ejemplo, el monasterio de Shaolin de China, fundado en el siglo V, es conocido por su asociación con el budismo zen y la instrucción de artes marciales. De hecho, se considera el lugar de nacimiento del kungfú. En Tailandia, el templo de Wat Phra Dhammakaya es un conocido lugar de meditación que alberga una estatua dorada gigante de Buda. El monasterio de Phugtal, construido en lo alto de un acantilado en las regiones remotas del valle de Zanskar, en India, es uno de los más aislados del mundo, notable por sus vibrantes salones de rezo con una intrincada decoración.

En Francia, en la isla del Mont Saint-Michel, en la costa de Normandía, hay un monasterio católico romano y una abadía homónima que se remontan al siglo VIII. Otra isla remota, Skellig Michael, en este caso de Irlanda, es conocida por su antiguo yacimiento monástico con varios clochán que se remonta al siglo VI.

Entre los numerosos centros de meditación contemporáneos que son dignos de mención se encuentra el monasterio de Plum Village, fundado por el vietnamita Thich Nhat Hanh, el monje budista y activista en favor de la paz. Fundado en Francia en 1982, alberga miles de meditadores cada año con la misión de cultivar la paz, la compasión y la conciencia tanto a nivel individual como de la sociedad. El centro internacional de meditación Vipassana, en India, es uno de los más conocidos del mundo, con una técnica y unas enseñanzas arraigadas en los principios budistas de la percepción y la conciencia. En Norteamérica, la Insight Meditation Society es uno de los principales centros de meditación occidentales, con delegaciones en varios lugares que ofrecen retiros de meditación en silencio y clases basadas en las enseñanzas budistas de la escuela *theravada*.

Como espacio para quienes buscan estudio monástico en solitario o rutas de meditación guiada para la iluminación, la arquitectura de estos lugares casi siempre se basa en la contemplación y en la comunidad. Como sucede con el arcano del tarot del Ermitaño, se puede tomar el camino solitario a la plenitud espiritual, pero, a la larga, hay que bajar de la cima de la montaña para compartir los conocimientos y las percepciones obtenidos para iluminar el camino a los demás.

(pág. 316)
Carl Gustav Carus *Ventanas góticas de las ruinas del monasterio de Oybin* · **Alemania Hacia 1828** En la cumbre de las montañas de Zittau, en Alemania, se encuentran las ruinas de Oybin. El antiguo monasterio de la orden de los celestinos se abandonó durante la Reforma y se dejó a merced de la naturaleza, lo que fue un motivo de inspiración para pintores como Carus. La belleza de las ruinas ha atraído e inspirado a multitud de artistas.

Autor desconocido · *La joya de la esencia de todas las ciencias* · **India** · **1840** La imagen es del manuscrito de astrología de las tradiciones europea, islámica e india escrito por Durgashankara Pathaka, un prestigioso astrónomo de Benarés. Muestra al gurú Nanak, a quien se atribuyen las enseñanzas del sijismo.

Autor desconocido · *La vida de Padmasambhava* (detalle) · Tíbet Siglo XVIII Las escenas de la vida de Padmasambhava protagonizan la pintura, que también representa al rey tibetano Trisong Detsen y al abad Shantarakshita, que construyeron el primer monasterio budista del Tíbet, Samyé, en forma de mandala.

Autor desconocido
El gurú Nanak con amigos
India · Siglo XVI El fundador y gurú del sijismo, Nanak, está sentado con su compañero Bhai Bala mientras practican el *kirtan*, el canto devocional de mantras o escrituras sagrados.

Vincenzo Abbati · ***Vista del patio de un monasterio***
Italia · Siglo XIX La elegante representación de monjes y una monja en un monasterio con la estatua de un santo en primer plano revela el sanctasanctórum de la vida monástica. Abbati destacaba por sus pinturas de lugares de culto.

(pág. opuesta)
Paramahansa Yogananda · ***Santuario del lago de la hermandad de la Autorrealización***
Estados Unidos · 1950 Yogananda imaginó un centro espiritual donde gente de todo el mundo experimentara la paz en su corazón y su mente. El santuario californiano tiene un jardín de meditación con altares y cascadas, un templo en una colina que ofrece servicios espirituales y un *ashram* para monjes.

Mi trabajo consiste en honrar lo sagrado. La tierra sagrada, lo divino femenino sagrado, y honrar el cuerpo femenino como tal. Mis instalaciones inmersivas son espacios sagrados, o templos, que activo con un compromiso colectivo: sanaciones con sonidos, meditaciones y performances. Mis esculturas están construidas para aprovechar la energía y están hechas de metal, un material orgánico y terrenal. Los dibujos o pinturas funcionan tanto como una representación de la forma femenina como un diagrama espiritual, con la intención de invitar al espectador a un estado meditativo. Las películas se ruedan en lugares sagrados, y empleo las esculturas y los objetos sagrados para reflejar la luz de la energía cósmica del sol. Mi cuerpo toca la tierra y tiende un puente entre lo terrenal y lo cósmico. A través del compromiso colectivo, activo el espacio sagrado de mi obra. Mis obras son herramientas espirituales que tienen un valor de uso. No son mercancías estáticas. Son objetos sagrados con los que hay que interactuar de algún modo. Los lugares sagrados activan al máximo mi creatividad. ¡Activan mi ADN! Los lugares antiguos prepatriarcales matrifocales son mis favoritos. Conectan con una energía Divina Femenina que es palpable y transportadora. Es donde me siento más viva. Mi obra consiste básicamente en llevar esta energía a un espacio expositivo. Veo mis exposiciones como intervenciones en las que introduzco la conciencia de lo divino femenino en espacios comerciales o institucionales. Las tumbas fenicias de Ibiza son muy significativas para mí. Se encuentran junto al mar, frente a Es Vedrà, otro lugar sagrado que está muy presente en mis películas. En la antigüedad, los fenicios peregrinaban al islote para dejar ofrendas para la diosa Tanit. Ella es mi diosa protectora, y cuando actúo en sus lugares sagrados, le estoy pidiendo que entre dentro de mí y utilice mi cuerpo como vehículo. Estos antiguos lugares sagrados hablan de la veneración de una deidad femenina, por eso me impactan tanto. Son vestigios de una Verdad que se ha ocultado durante milenios, y mi objetivo es reintegrar esta Verdad en la cultura contemporánea.

— KATHRYN GARCIA, artista, 2024

(anterior)
Nikolái Roerich
Tíbet, un monasterio
Rusia · 1944 Roerich, fundador del *agni* yoga y teosofista, acostumbraba a pintar paisajes montañosos inspirados en los cuatro años que dedicó a recorrer los países budistas. Los monasterios budistas solían estar a gran altitud, con temperaturas gélidas, tal como ilustra la pintura nevada.

(pág. opuesta)
Odilon Redon
***El Buda* · Francia**
Hacia 1905 El artista francés crea su propia versión gráfica de la imagen de Buda en esta obra espiritual de principios del siglo XX.

Luigi Busi · ***Meditación***
Italia · **Siglo** XIX
Una monja está sentada, reflexionando con los ojos abiertos, mirando hacia el cielo en su aparente práctica. Para la monja o el monje, la meditación es una deconstrucción de la agitación mental, llevada a cabo para apaciguar los impulsos y los deseos de la condición humana normal. El óleo sobre lienzo evoca el solitario viaje que esto conlleva.

ELEMENTO
Metal

ENERGÍA
Creativa

NOTA
Do#

TRIBUTO A LOS DIFUNTOS

Imagen en la naturaleza
CIELO

COLOR
Gris

MATERIALES
Tierra · Piedra

PUNTO ORDINAL
Noroeste

Cementerios y monumentos

Viejo Tejo, aferrado a tantas lápidas
con el nombre del muerto que yace bajo tierra,
con tus fibras que guardan las cabezas sin sueño,
con tus raíces ya por los huesos cubiertas.

— LORD ALFRED TENNYSON, poeta, de *In Memoriam*, 1850 (esp. 2022)

Casi todos los lugares sagrados se asocian con el más allá y la muerte, desde los monumentos de los grandes faraones y los antiguos templos consagrados a deidades del inframundo hasta las imponentes catedrales góticas. Todos cuentan con un espacio para conmemorar a los seres queridos fallecidos. Desde tiempos inmemoriales, los cementerios y los monumentos han sido lugares para honrar, recordar y rendir tributo a los difuntos. Los cementerios suelen estar al lado de iglesias y lugares sagrados donde los vivos siguen yendo a rezar.

Unos de los monumentos a los difuntos más emblemáticos es el intrincado mausoleo del Taj Mahal, en India, construido por el sah Jahan en recuerdo de su esposa, fallecida al dar a luz. En Estados Unidos, en el cementerio nacional de Arlington, están enterrados más de 400 000 soldados, incluidos los que lucharon en la guerra de Secesión, la Primera y la Segunda Guerra Mundial y otros conflictos. En el valle de los Reyes de Egipto se enterraron muchos faraones célebres, como Tutankamón y Ramsés II. El cementerio del monte Koya de Japón encierra un profundo significado para el budismo como el lugar de sepultura del renombrado monje budista Kukai. El cementerio Père Lachaise de París, en Francia, es conocido por su arquitectura conmovedoramente bella y como el sitio del descanso eterno de muchas personalidades, como Jim Morrison, Oscar Wilde y Frédéric Chopin. En Londres, Inglaterra, el cementerio de Highgate cuenta con una arquitectura gótica igual de sombría y tumbas victorianas, y en él descansan figuras tan notables como Karl Marx y George Eliot.

En muchas culturas, los difuntos se recuerdan incluso mucho después de su entierro, con vibrantes rituales y fiestas anuales, como el Día de los Muertos y la fiesta pagana del Samhain. El Día de los Muertos es un rito tradicional mexicano originario de las culturas mesoamericanas indígenas, en especial la azteca. Se celebra el 1 y el 2 de noviembre de cada año, coincidiendo con la fiesta católica del Día de Todos los Santos. La celebración se basa en la creencia de que, durante esos días, los espíritus de los finados vuelven a visitar a sus seres queridos. Se considera un tiempo para honrar y recordar a los difuntos y celebrar el ciclo continuo de la vida y la muerte.

(pág. 330) Lei Yixin · *Stone of Hope* · China · 2011 En la Explanada Nacional de Washington D. C. se erige la estatua de Martin Luther King Jr., el primer afroamericano que contó con un monumento conmemorativo de este tipo. Lei Yixin esculpió la efigie del líder de los derechos civiles en granito.

Sah Jahan · *El Taj Mahal* · India · 1648 El Taj Mahal refleja su perfecta simetría en un estanque cristalino. Lo mandó construir el sah Jahan como un mausoleo para su mujer, Mumtaz Mahal, y se ha convertido en un símbolo del rico legado del Imperio indio.

(págs. 334-335)
Autor desconocido
Torres de Kharraqan
Irán · Siglo XI Estos mausoleos selyúcidas, situados en el noroeste de Irán, son torres octogonales abovedadas que se consideran símbolos del cielo y de la vida eterna. Se conservan pinturas murales y frescos en la torre oriental, aunque quedaron gravemente dañados en un terremoto de 2022.

Jerry de Wilde · *«Calvari»/Turó de les Tres Creus/ Park Güell* · Estados Unidos · 1969 El Park Güell de Barcelona, una de las ingeniosas obras maestras de Antoni Gaudí, incluía su lugar de residencia. El montículo de piedra donde se encuentran las tres cruces recibe el nombre de Turó de les Tres Creus.

Skidmore, Owings & Merrill (David M. Childs) One World Trade Center · Estados Unidos · 2014 El edificio más alto de Estados Unidos, la Freedom Tower, se construyó en el lugar que ocupaban las torres gemelas destruidas en los atentados del 11S. Es un símbolo de renacimiento y resiliencia.

(págs. 340-341) Christopher Mark Perez · *Cementerio de Père Lachaise* · Francia 2018 Lugar de reposo de Jim Morrison, Edith Piaf y Oscar Wilde, el cementerio de los famosos de París atrae más visitantes que cualquier otra necrópolis del mundo. Un paseo por los amplios jardines es un viaje a través de la historia y el legado de Francia.

Autor desconocido · Estatua de Buda · China Siglo VIII Excavada en la cara del monte Emei de Leshan, en China, se encuentra la estatua de Buda más grande del mundo. Se esculpió en el siglo VIII junto con muchos templos en un entorno impresionante de exuberante y hermosa vegetación.

Gerson Fehrenbach · *Monumento de la sinagoga de la calle Münchener* · Alemania · 1963 En la Noche de los Cristales Rotos, un ataque a los judíos instigado por los nazis destruyó cientos de sinagogas. La estatua conmemorativa, de 1963, ocupa el lugar de una antigua sinagoga del barrio berlinés de Schöneberg.

PARTE IV

El altar interior

LA MENTE COMO ARQUITECTO

MUNDOS IMAGINARIOS

Exploración de los territorios del mito

Kubla Khan levantó en Xanadú / una cúpula toda de placer, / su lugar de retiro, donde el Alfa, / el río sagrado, pasa por cavernas / que el hombre no podrá jamás medir, / va descendiendo hacia la mar sin sol.

— SAMUEL TAYLOR COLERIDGE, poeta e inquiridor, del poema «Kubla Khan: o una visión en un sueño», 1816 (esp. 2024)

La pequeña Alicia entra en el portal cósmico de la madriguera del conejo y, mientras cae, atraviesa múltiples dimensiones de tiempo y espacio hasta llegar al País de las Maravillas, el mundo de lo psicodélico y lo subconsciente, un paisaje onírico deslumbrante. A Dorothy, el tornado la arrastra al universo alternativo de Oz, donde comienza su aventura surrealista por el camino de baldosas amarillas. Por su parte, un joven *hobbit* sin pretensiones sale de su pequeña aldea y se embarca en una aventura fantástica y heroica por la Tierra Media.

Los espacios se sacralizan por las batallas que se han librado en ellos y en los arquetipos de los héroes que los habitan, en las misiones emprendidas y los reinos ganados. En la leyenda del rey Arturo, la isla de Ávalon guarda relación con la espada mágica Excalibur y la mística Dama del Lago. En la tierra perdida de la Atlántida, que según la leyenda se hundió trágicamente en las profundidades del océano, se dice que antiguamente vivía una gran civilización muy avanzada. El Dorado es otro imperio olvidado, donde se rumoreaba que había una cantidad de oro y tesoros difícil de imaginar, un lugar que los conquistadores españoles buscaron en vano al llegar al sur del continente americano.

Lo que hace que un lugar sea sagrado es su universalidad, nuestras concepciones compartidas y perdurables, como la idea del cielo y el infierno, de los mundos de fantasía y pesadilla que lindan con el nuestro. El placer y las recompensas del más allá adoptan muchas formas e interpretaciones, según la época, la tradición, la religión o la mitología. En la teología cristiana, el cielo suele ser la eterna morada de Dios y el destino bienaventurado de quienes han vivido con rectitud. Para el hinduismo, el cielo se conoce como *swarga* o *svarga loka*, uno de los muchos planos de la existencia en los ciclos de muerte y renacimiento. Los antiguos egipcios asociaban el cielo al concepto del campo de juncos, un lugar paradisiaco de abundancia, donde los difuntos podían disfrutar de la dicha eterna.

(anterior) Jean-Honoré Fragonard · *El sueño de Plutarco* · Francia · Siglo XVIII Jean-Honoré Fragonard, un artista francés sumamente prolífico, retrata al filósofo griego Plutarco en una quietud meditativa.

Iván Bilibin · *El cuento del zar Saltán* · Rusia · 1831 Adaptada en muchas versiones e idiomas, la escena del cuento tradicional reproduce la mítica isla de Buyán, donde madre e hijo recalan después de que los arrojen al mar dentro de un barril sellado.

И. БИЛИБИНЪ. 1905

En la literatura y los cuentos tradicionales, la realidad cambia constantemente, con dominios surgidos de la imaginación del creador rebosantes de detalles, culturas, criaturas, fauna y flora que solo existen en la mente del narrador (y, posteriormente, del lector). En el mundo de las novelas de J. R. R. Tolkien, su Tierra Media no solo está habitada por *hobbits* heroicos, sino también por brujos, orcos, elfos y enanos. Todos ellos se pasean por un paisaje extraño y fascinante, de las Montañas Nubladas a los bosques de Lothlórien. La escuela de magia Hogwarts de las creaciones de J. K. Rowling es otro lugar encantado, un colegio donde los jóvenes magos estudian junto a dragones y unicornios. En las crónicas de C. S. Lewis, se llega a la tierra de Narnia a través de un misterioso armario, por el que los niños escapan de los peligros de la Inglaterra en tiempos de guerra y entran en un mundo de animales que hablan y de criaturas míticas. Pero, incluso en Narnia, hay una batalla interminable, una lucha mítica del bien contra el mal. El Poniente de George R. R. Martin, el Terramar de Ursula K. Le Guin o los poliédricos paisajes futuristas de Julio Verne crean mundos vibrantes y únicos, sagrados para quienes se aventuran entre sus páginas. Los paisajes imaginarios de la ficción y el mito, de los cuentos y las canciones tradicionales resuenan emotivamente en nuestra conciencia compartida, nuestros viajes a lo desconocido guiados por las visiones místicas de poetas, artistas, mitólogos y narradores.

Rockwell Kent · *Richard Wagner, Das Rheingold, La entrada de los dioses en Valhalla* · Estados Unidos 1929 El artista estadounidense reimagina el concepto nórdico del más allá con el arcoíris Bifröst, que tiende un puente entre la tierra y Asgard, el hogar de los dioses nórdicos.

Maxfield Frederick Parrish · *Colina* · Estados Unidos · 1926 Uno de los artistas más conocidos de su época, Parrish dotó sus idílicos paisajes de una atmósfera y una luz únicas. Según él, las mujeres estaban sumidas «en una apacible contemplación del entorno», como se aprecia por sus rostros.

Massimo Scolari
Urban Passage Project: Axonometric · Italia 1974 Surrealista y simétrica, la acuarela revela la interpretación arquitectónica de Scolari de una casa que desafía las normas estándares de la construcción, lo que liberó al artista de la ideología confinada.

(pág. opuesta, arriba) Johann Wilhelm Baur *El sueño de Jacob* · Alemania · Siglo XVII Pintura al temple sobre pergamino de la célebre historia del patriarca bíblico Jacob, que sueña con una escalera hasta el cielo por la que los ángeles suben y bajan para transmitir los mensajes de Dios a los humanos.

(pág. opuesta, abajo) Sandro Botticelli · *El abismo del infierno* · Italia · Década de 1480 La obra de Botticelli representa el infierno en forma de embudo tal como lo describe Dante en la *Divina comedia*. La ilustración en color muestra el descenso de Dante y Virgilio por los nueve círculos del infierno.

Autor desconocido · *Ciudad utópica* · Hungría 1922 Publicada en la revista húngara *Aller Lapja*, la ilustración panorámica aparecía en la portada y correspondía a un artículo de arquitectura.

Eugène-Ernest Hillemacher · *Psique en el inframundo* Francia · 1865 Venus encargó a Psique que le llevara un cofre con la belleza de Perséfone. El artista representa la escena justo antes de que Psique mire dentro del cofre pese a la advertencia de no abrirlo.

MŒBIUS 95

(pág. opuesta)
Jean Giraud (Moebius)
Arzach – La roca
Francia · 1995 *Arzach*, la serie de cómic de Moebius de la década de 1970, está protagonizada por un héroe que vuela a lomos de un pájaro de piedra. Juntos recorren páramos, futuristas paisajes desiertos y otros territorios salvajes que imprimen un aire misterioso a sus aventuras.

Zaha Hadid · *Estudio del diseño de la estación de bomberos de Vitra*
Irak/Inglaterra · 1990
El dibujo arquitectónico conceptual tiene como objetivo transmitir cambios culturales en respuesta a los cambios sociales. Como el movimiento Archigram, las imágenes influyen en el pensamiento alternativo y fusionan espacios para lograr una estética más integrada que genere más fascinación.

Artista de los estudios Disney · Dibujo conceptual para el largometraje *Fantasía* · Estados Unidos 1940 La escena final de *Fantasía* está ambientada en la noche de Walpurgis, que representa el conflicto entre lo profano y lo sagrado, con música de Modest Músorgski y Franz Schubert.

Stephanie Law · *Avalon* · Estados Unidos · 2013 Suntuosa y fantástica, la mítica espada Excalibur se forjó en Ávalon, donde aguardó a que el rey Arturo la liberara. La isla, que suele relacionarse con Glastonbury, emerge de un lago cenagoso y simboliza un lugar de magia y resurgimiento del yo.

(pág. opuesta) William Blake · *Satán llamando a sus legiones* (de *El paraíso perdido*, de John Milton) Inglaterra · Hacia 1805 Blake solía pintar escenas de textos espirituales, literatura y mitología, y tenía debilidad por la obra de Milton. El artista describe la técnica de esta obra, en la que experimenta con la pintura al temple sobre lienzo, como «pintada mayormente con veladuras sobre pan de oro». El resultado es una estética resplandeciente y sobrenatural.

(arriba) D. B. Weiss y David Benioff · *Juego de tronos* · Estados Unidos · 2019 Los reinos descritos en los libros fantásticos de George R. R. Martin se reinterpretan en los dramáticos mundos cinematográficos de la popular serie televisiva de acción real.

(abajo) Peter Jackson · Fotograma de *El hobbit: La desolación de Smaug* · Nueva Zelanda · 2013 El cineasta Peter Jackson reimagina los mundos de fantasía literarios de J. R. R. Tolkien en sus sagas de cine épico.

Stanislav Szukalski
Ciudad sumergida
Polonia · 1954
«La sed lo atrajo hasta esta poza del árido desierto. Mientras bebía de sus aguas, contempló de repente una ciudad al fondo del charco, enterrando el rostro en él para ver más, olvidando casi respirar, y odiando tener que regresar a este mundo… este desierto adusto, exánime, solitario y vacío».
– Stanislav Szukalski

C.P.V.
2003

(pág. opuesta) Guillermo Pérez Villalta · *Ulises parte de la isla de Circe* · España 2003 La surrealista interpretación de Villalta de la isla mitológica de Eea, donde vivía la hechicera Circe, representa a Ulises alejándose de la isla en la que pasó un año.

Salvador Dalí *El eco del vacío* · España 1935 Los cipreses crean un portal reflejado en segundo plano para evocar un vacío de espacio, con la posibilidad surrealista de un velo entre la vida y la muerte. En este óleo sobre lienzo, Dalí representa un paisaje de asombro y reflexión.

Artista de los estudios Disney · *Harmony* Estados Unidos · 1935 En *La tierra de la música* de Disney, la guerra se desata entre la Tierra de la Sinfonía, el Mar de la Discordia y la Isla de Jazz, pero la película acaba bien, con una boda por partida doble, entre el príncipe y la princesa, y entre el rey y la reina.

Michael Whelan · *La montaña de cristal negro*
Estados Unidos · **1999** En la cubierta de la saga literaria de Tad Williams, el paisaje faraónico ilustra el territorio de ciberfantasía de un reino inacabado. Se presenta como un poema épico que termina conduciendo a un futuro inmortal.

Rick Guidice · *Arte espacial retrofuturista para la NASA* · Estados Unidos · Década de 1970 La colonización del espacio es, desde hace mucho, un concepto que mereció el estudio y la renderización del centro de investigación Ames de la NASA. El paisaje urbano toroidal se creó en forma de póster para que el público conectara con el potencial científico como una herramienta para la exploración y el descubrimiento.

Denis Villeneuve
Blade Runner 2049
Canadá · 2017
El mundo futurista y apocalíptico de la saga de libros y películas de ciencia ficción *Blade Runner* se plasma con un gran despliegue imaginativo.

El Bosco · *El jardín de las delicias* · Países Bajos 1490-1500 El tríptico de humanos y animales rezuma el estilo fantástico y conceptual característico del Bosco. A menudo, sus obras ilustran historias religiosas, como la tentación y la posterior caída en el célebre jardín.

(arriba) Tuco Amalfi *Amor y empatía* Brasil · 2005 Amalfi expresa su convencimiento de que el arte es un don de Dios y debería estar a su servicio a través de la belleza y la energía que desprenden sus pinturas.

(abajo) James Cameron · *Adoración del Árbol de las Almas de los na'vi* · Canadá · 2022 El fotograma de *Avatar: El sentido del agua* alumbra el ritual con el que la especie sapiente venera el alto árbol bioluminiscente con el que entran en contacto con su deidad, Eywa, y se comunican con ella.

(pág. opuesta) Brendan Pattengale · *Wait A Lifetime* Estados Unidos · 2022 Con su interés por los fenómenos geológicos, los colores vivos y los métodos fotográficos interesantes, Pattengale viaja a los confines del mundo para capturar paisajes vírgenes de proporciones míticas.

Mary Blair
Dibujos conceptuales de *Alicia en el País de las Maravillas* de Disney
Estados Unidos · 1951
La caída de Alicia por la psicodélica madriguera del conejo ilustra la idea de cruzar un portal que lleva a otra realidad. La representación conceptual se centra en la luminosa salpicadura del reflejo, como un espectro del extravagante mundo que la niña está a punto de descubrir.

Frank Frazetta · *New World* · **Estados Unidos**
1972 La cubierta de la edición de 1972 del *Annual World's Best SF* estaba ilustrada con una escena fantástica de los mundos futuristas de Frazetta. Reconocida en todo el mundo, su obra ha embellecido libros, cómics, carátulas de discos, etc.

Hay algo muy poderoso en la activación de los templos luminosos, los paisajes internos de nuestra imaginación, los espacios sagrados que revelan el benéfico potencial colectivo de nuestra especie, en realidad, de toda la vida sintiente en la Madre Tierra y más allá. Soy una novelista y creadora de medios que cataliza conciencias: los medios como la medicina de nuestro tiempo. Me dedico a evocar los paisajes sagrados internos y externos, el renacimiento de nuestro potencial como especie para vivir profundamente en nuestra interconectividad fundamental con los demás y todas las formas de vida para recordar que tenemos la capacidad de crear culturas y civilizaciones bienhechoras. Las novelas se crean para activar el recuerdo mítico transcultural interno a través de mitos, historias y lugares sagrados regenerativos, reestructurando la historia para abrazar el misterio y la magia de las líneas de los linajes femeninos largo tiempo olvidadas. Para mí, la peregrinación transcultural, el descubrimiento del hilo místico de la conexión de los lugares sagrados y las tradiciones, ha sido un catalizador y una inspiración. He hallado remembranza y solaz en las altas montañas, en las cuevas de los yoguis y los templos de Bután y el Tíbet; en los templos y los jardines de té de Kioto; en los ghats del Ganges; en la espiral y las aguas sagradas de Glastonbury; en las catedrales de antiguas secuoyas, y en los vastos desiertos del sudoeste de Estados Unidos, donde el mar de estrellas se refleja en las catedrales naturales de arena y piedra. He hallado remembranza en las calles empedradas y las catedrales de París, en los intrincados templos de piedra tallada de Bali y en las altísimas cascadas de Kauai. Como humanos, somos un lugar sagrado, un cosmograma que cobra vida a través de nuestra peregrinación y nuestro recuerdo del códice viviente de nuestra Madre Tierra. Como especie, la humanidad se encuentra en un momento decisivo en el que, para evitar una catástrofe colectiva, tenemos la oportunidad de transformar nuestros paisajes sagrados internos, los reinos imaginarios de la posibilidad, y los mitos y las historias que son el ADN de nuestras civilizaciones. De todos los mundos de posibilidades, ¿por qué no hacer posible este futuro benéfico, civilizaciones y templos construidos para atestiguar la sacralidad de toda la vida sintiente? No solo está en nuestras manos, sino que es el camino. ¡Creemos nuestros Lugares Sagrados, los Templos del Futuro!

— SARAH DREW, artista, filósofa social y autora de la novela *Gaia Codex*, 2024

(pág. opuesta)
John Augustus Knapp
***An Idealistic Depiction of the Atlantean Mystery Temple* · Estados Unidos 1928** Más conocido por sus ilustraciones para Manly P. Hall y sus colaboraciones con él, el artista esotérico imagina la pirámide de la Atlántida con su simbolismo característico y su habilidad para representar visualmente ideas filosóficas y místicas.

(págs. 372-373)
Victor Fleming
El mago de Oz
Estados Unidos · 1939
El viaje a otro mundo de Dorothy la lleva a la tierra mística y mágica de Oz. En el fotograma, acaba de llegar al maravilloso mundo de la promesa, justo antes de conocer a sus habitantes.

چون محمد ز جبرئیل براز
گوش کرد آن پیام روح نواز
زان سخن هوش را تمامی داد
گوش را حلقهٔ غلامی داد
آن امین خدای در تنزیل
وین امین خرد بعقل دلیل
دو امین بر امانتی گنجور
در شب تیره آن چراغ منیر
برق کردار بر براق نشست

(pág. opuesta) Aqa Mirak · *La ascensión del profeta Mahoma a su montaña* · Irán 1543 Ilustrado con sumo detallismo, el manuscrito del Khamsa (los cinco poemas), de Nezamí Ganyaví, se creó para el emperador de Persia y es una de las obras más notables de la literatura persa. El artista Mirak ilustra el vuelo de Mahoma escoltado por Gabriel y un séquito de ángeles.

Utagawa Kunisada II *La cortesana del infierno* Japón · Década de 1850 Rodeado de la bulliciosa escena de un infierno budista, el rey del infierno preside desde la posición estratégica de su trono todo lo que acontece en la túnica de una *oiran*, o prostituta, japonesa. En Japón, la prostitución siguió siendo legal hasta 1958.

William Blake
La escalera de Jacob
Inglaterra · 1800-1803
Los ángeles suben y bajan de la tierra al cielo, y viceversa, por la escalera que se le apareció en sueños a Jacob. El mundo onírico simbólico y bíblico está ilustrado con sumo detalle por Blake, que era un maestro de la poética visual.

Nikolái Roerich · *Svyatogor* · **Rusia · 1942** Años antes de su muerte, cuando vivía en India, Roerich pintó muchos santos y héroes rusos, como el gigante Svyatagor, cuyo peso apenas podía soportar la Madre Tierra. Aquí está en medio de montañas nevadas, tema por el que es conocido Roerich.

PARAÍSO HALLADO

Utopías, comunas y comunidades intencionales

Estoy siguiendo un rumbo que fue elegido para mí, siguiendo la necesidad imperiosa de demostrar que una mujer puede trabajar a escala monumental. Estoy creando una especie de país de la alegría, donde podrías llevar una nueva vida libre.

— NIKI DE SAINT PHALLE, artista e inquiridora, en una carta sobre la construcción de su instalación artística del *Jardín del Tarot,* 1981

Frida Kahlo tumbada en la cama con el pincel en la mano. Alexander Calder en su estudio inundado de luz rodeado de sus creaciones. Georgia O'Keeffe contemplando, por la ventana del Ghost Ranch, las tenues puestas de sol del desierto de Nuevo México. El artista activa el espacio que lo rodea, su fuerza creativa, imprime su aura en los sitios en los que vive y trabaja, en su estudio, su jardín y los paisajes que lo rodean e inspiran. En muchos casos, los espacios que ocupa el artista son arte en sí mismos, como las fantásticas casas construidas a mano de SunRay Kelley, los experimentos escultóricos surrealistas de Dalí o los diseños audazmente innovadores de arquitectos como Richard Buckminster Fuller.

También hay lugares fruto de la expresión comunitaria, espacios construidos como una visión utópica colectiva. En una ciudad incluso hay determinados sitios que atraen al artista a través del canto de sirena de otros creativos, como las cafeterías bohemias y los talleres parisinos de Montmartre, un barrio en el que vivieron Pablo Picasso, Vincent van Gogh y Henri de Toulouse-Lautrec. En Nueva York, el vestíbulo del hotel Chelsea ha sido testigo durante décadas de la presencia de artistas, músicos y escritores, un entorno ecléctico y creativo, musa de iconos como Bob Dylan, Andy Warhol, Patti Smith y Leonard Cohen. El Greenwich Village de Nueva York de la época dorada de la escena folk de la década de 1960, el Santa Teresa de Río de Janeiro o el Christiania de Copenhague son barrios y comunidades nacidos de las vibrantes expresiones creativas de quienes los habitaron.

Las comunas y los experimentos de vida en común creados por las filosofías de la contracultura son otra forma de espacios sagrados, paisajes únicos gracias a una voluntad concentrada y unida. En el sudoeste de Estados Unidos, la ciudad experimental de Arcosanti era el sueño del arquitecto italoamericano Paolo Soleri. Empezó a construirse en 1970 y representaba su visión de su concepto de arcología, una fusión entre arquitectura y ecología. El objetivo de la arcología es lograr estructuras urbanas que sean eficientes y

Salvador Dalí · Entrada y taquilla de la exposición «Dream of Venus» · España · 1939 Diseñada para la Exposición Internacional de Nueva York de 1939, la interpretación de Salvador Dalí de la casa de la risa se convirtió en una exposición surrealista a gran escala. La fascinante escena onírica permitió que los asistentes disfrutaran de una experiencia sensorial extraordinaria.

sostenibles. El diseño de Arcosanti incluye innovaciones como grandes ventanales para aprovechar la captación del calor solar, y sistemas energéticamente eficientes de calefacción y refrigeración solares pasivas. Un proyecto en curso desde su creación, Arcosanti está diseñado para albergar en un futuro una población de varios miles de personas y, hoy día, es una exploración en desarrollo de la viabilidad de la arcología y los ideales ecológicos de Soleri.

A principios de la década de 1960, surgió otro experimento utópico de la mano de unos estudiantes de arte estadounidenses que buscaban un modo alternativo de construir y crear. El resultado fue Drop City, una comunidad conocida por sus estructuras abovedadas construidas con materiales recuperados, como techos de coches desguazados y otros desechos industriales. La comunidad se convirtió en un icono contracultural y en símbolo del movimiento estadounidense *back to the land* de las décadas de 1960 y 1970, que defendía los valores de la paz, el amor libre y la armonía con la naturaleza. Drop City no solo fue un lugar para vivir, sino también un entorno artístico colaborativo que propició la creación del *drop art*, basado en el concepto de «dejar caer obras de arte» en todo tipo de entornos rurales y urbanos. Muchas construcciones de la comunidad estaban inspiradas en la obra de Buckminster Fuller y su defensa de la cúpula geodésica como arquitectura del futuro. Esta cúpula geodésica la popularizó Fuller, un inventor, arquitecto y futurista del siglo XX que buscaba crear diseños eficientes y sostenibles.

El espacio utópico también puede aplicarse a los estudios de los artistas, los creativos que acondicionan sus casas como una expresión más de su obra. El artista y fotógrafo californiano Steven Arnold vivía y creaba en su espacioso estudio de Los Ángeles, un lugar suntuosamente decorado que él llamaba Zanzibar. En la década de 1980 e inicios de la siguiente, Arnold celebraba fiestas y exposiciones y escenificaba cuadros vivientes en los que sus modelos y sus musas posaban con trajes y maquillajes fantásticos. La música Alice Coltrane creó una comunidad colectiva en las colinas de Malibú, en California, donde enseñaba música y meditación, criando a sus hijos en medio del sonido de los pájaros, el arpa y los cánticos sagrados. La artista, bruja e icono de la contracultura Vali Myers descubrió su paraíso personal a principios de la década de 1970 en Positano, Italia, donde se instaló en un valle recóndito y vivía con todo tipo de animales, escribiendo poesía y pintando. Hay creadores que viven literalmente dentro de sus obras, como la notable «escultura como lugar de residencia» del carpintero californiano J. B. Blunk, o la extravagante casa junto al mar de Salvador Dalí en Portlligat, España. Tal vez el espacio sagrado más expresivo de un artista sea el *Jardín del Tarot* de la Toscana, la creación tremendamente imaginativa de la artista Niki de Saint Phalle, que además vivió un tiempo en él. Todo un hito monumental, el jardín de esculturas de Saint Phalle está formado por los arcanos mayores del tarot representados como estatuas enormes. La más grande, una interpretación de la Emperatriz en forma de bola de espejo, se construyó con una cocina y un salón en su vientre, un espacio que Saint Phalle ocupó varios años: la artista que vive en su propia obra, una unión íntima entre la creadora y la creación.

Randy Harris · *SunRay Kelley* · Estados Unidos 2012 Toda una leyenda del mundo de la construcción y del diseño alternativos, Kelley posa delante de su Garden House, en el Estado de Washington. En su finca de 3,5 hectáreas, Kelley construyó siete casas, diez estanques, una cabaña de ermitaño y una figura de madera de arce de Jesús de cinco metros de alto.

USCO · *Be-In,* en el Riverside Museum de Nueva York Estados Unidos · 1966 Una de las muchas obras creadas en la década de 1960 por un grupo autodenominado USCO (una abreviatura de «Us Company», literalmente «nuestra compañía»). El colectivo de artistas e ingenieros interpretaba espectáculos artísticos interactivos inspirados en el ácido en galerías y museos de todo Estados Unidos.

Leslie Williamson · *Sunrise at the J. B. Blunk House* Estados Unidos · 2022 La Blunk House fue construida por el artista J. B. Blunk entre 1959 y 1962 en Inverness, California, con madera recuperada de secuoya. Algunas de sus obras más conocidas las creó *in situ* en su estudio.

Peter Granser
El Alto, ID20461514
Alemania · 2015
Llamativo edificio de la ciudad boliviana de El Alto. Freddy Mamani, descendiente de la cultura indígena aimara y albañil convertido en arquitecto, creó lo que él denomina la nueva arquitectura andina. La estética ha transformado la ciudad como modo de expresión del pueblo aimara.

(siguiente)
Varios · Expo Osaka
Japón · 1970 Con el lema «Progreso y armonía para la humanidad», en la exposición, una de las más grandes y multitudinarias de la historia, se presentaron cúpulas geodésicas, la primera película en formato IMAX, una muestra de piedras lunares, una maqueta del tren de levitación magnética y el primer teléfono móvil de la historia.

(pág. opuesta, arriba) Ernest y Ruth Norman · *Star Center* · Estados Unidos · 2015 La organización Unarius (acrónimo en inglés de «comprensión interdimensional articulada universal de la ciencia») se fundó en 1954. Los murales del Star Center ilustran la época dorada de la Atlántida, hace 37 000 años.

(pág. opuesta, abajo) Peter Jon Pearce · Biosfera 2
Estados Unidos · 1991 El experimento Biosfera, construido en un terreno de poco más de una hectárea, pretendía comprender mejor la ecología y hallar soluciones sostenibles para el planeta y la gente con la simulación de biosistemas encerrados en cristal.

Kisho Kurokawa · El Takara Beautilion · Japón 1970 En la fantástica Expo Osaka hay una torre simbólica cuyo cometido es transmitir «la alegría de ser bello». La galardonada arquitectura del pabellón Takara Beautilion de Kurokawa infundió esperanza en el futuro con su increíble diseño modular.

Kisho Kurokawa · *Nakagin Capsule Tower* · Japón 1972 Kurokawa construyó una torre con unidades modulares en Tokio, el primer ejemplo de arquitectura de cápsulas. Todas las unidades tenían la característica ventana circular. El edificio tuvo un uso mixto hasta que se demolió en 2022.

中銀
ポプラ
たばこ 酒
ATM
テナント募集中
ポプラ

(págs. 392-393)
Yann Arthus-Bertrand
Granja moshav de Nahalal, llanura de Jezrael, Israel (32°41' N, 35°13' E)
Francia · Fecha desconocida Fundadas en 1971, las granjas *moshav* (comunidades cooperativas) se convirtieron en la opción ideal para los nuevos migrantes que estaban habituados a vivir en comunidad y a compartir el trabajo y los recursos. Funcionaban de manera similar a los kibutz, salvo pequeñas diferencias en los términos de la propiedad.

(pág. opuesta)
Matthias Dengler
Goetheanum
Alemania · 2019
Diseñado por Rudolf Steiner y llamado así por Goethe, el edificio Goetheanum de Dornach, en Suiza, se distingue por los iconoclastas planos arquitectónicos. Steiner renunció a los ángulos rectos y encargó a constructores navales las redondeces que definen buena parte de las formas de la pintoresca sede del movimiento antroposófico.

Jerry de Wilde · *Chumash Indian Wedding Ceremony/The Farm* · Estados Unidos · 1970
El fotógrafo Jerry de Wilde captura una ceremonia de una boda en la que las personas forman un círculo en los campos de The Farm, una legendaria comuna de Los Ángeles.

Robert L. McElroy · *Evento multimedia en el tabernáculo de la USCO* · Estados Unidos · 1966 El poeta Gerd Stern y la cineasta Judi Stern fundaron la «Us Company», un grupo de artistas, poetas, cineastas, ingenieros y compositores que crearon una comunidad en una iglesia de Garnerville, Nueva York.

(pág. opuesta, arriba) Jens Kauder · Las bóvedas de Arcosanti Estados Unidos · 2016 La síntesis de la ecología y la arquitectura constituyen la base de la arcología, cuyo ejemplo más impresionante, con más de 300 hectáreas de superficie, es Arcosanti. Concebida para hacer frente a los radicales cambios climáticos y culturales, la creación de Jens Kauder no ha dejado de evolucionar a lo largo de más de cincuenta años.

(pág. opuesta, abajo) Alex y Allyson Grey Entheon, santuario de arte visionario en la Capilla de los Espejos Sagrados Estados Unidos · 2008 Los artistas visionarios Alex y Allyson Grey crearon un santuario para artistas al norte del Estado de Nueva York a modo de sala de exposiciones para la expresión psicodélica. Funciona como iglesia interconfesional y exhibe obras de la pareja y otros creadores que expanden la conciencia.

Charles Eames · Casa Eames · Estados Unidos 1949 La Case Study House n.° 8, la casa *mid-century* de Charles y Ray Eames diseñada y decorada al estilo *De Stijl*, era parte de un programa para crear casas modernas y elegantes a precios asequibles. El estilo tuvo un gran impacto en el mundo del diseño.

Frederic Edwin Church · Vestíbulo de Olana Estados Unidos · 1872 Frederic Church, el afamado paisajista de la escuela del río Hudson, construyó la mansión Olana, de estilo persa, en lo alto de una colina espectacular en Hudson, en el Estado de Nueva York, para regalársela a su mujer.

Autor desconocido · Sunburst Sanctuary · Estados Unidos · 1978 Conocida como la hermandad del Sol, la comunidad intencional sentó las bases de lo que sería un próspero centro espiritual. Al norte de Santa Bárbara, California, y con 65 hectáreas, era la granja ecológica más grande de Estados Unidos.

Clark Richert · *La pintura definitiva* · Estados Unidos · 1966/2011 El caleidoscópico lienzo abstracto se pintó para la bóveda de Drop City. Se extravió en 1969, pero Richert lo recreó en 2011 con la ayuda de los artistas Richard Kallweit, JoAnn Bernofsky, Gene Bernofsky y Charles DiJulio.

Mirra Alfassa y Roger Anger · *Matrimandir* India · 2008 La foto del amanecer plasma la elevada utopía espiritual del influyente filósofo y yogui indio Sri Aurobindo. Dedicada a la Madre universal, la cúpula de cristal del centro es el santuario interior, creado para la meditación y construida sobre doce columnas simbólicas de dirección y aspectos de la Gran Madre.

(siguiente)
Drop City · *«The Complex» Trinidad, Colorado* · Estados Unidos · Hacia 1966 El sur de Colorado fue el lugar de origen de la comunidad de artistas de la contracultura denominada Drop City, que empezó como una respuesta a la sociedad materialista. La comuna rural estaba inspirada en el diseño de la cúpula geodésica de Buckminster Fuller y se construyó principalmente con materiales encontrados prácticamente sin coste alguno.

Lawrence Schiller
Dancing Pranksters
Estados Unidos · 1966
Fotógrafo prolífico, Schiller suele orientar su objetivo hacia momentos clave de la cultura popular, capturando exploraciones del arte psicodélico y los primeros experimentos inmersivos de danza, medio ambiente y LSD.

Mary Ellen Mark
The Cockettes · Francia
1971 En parte comuna y en parte compañía de espectáculos, The Cockettes era un vibrante experimento en curso sobre la danza, la fluidez de la identidad sexual y la creación artística colectiva.

Autor desconocido · Alice Coltrane · Estados Unidos · 1970 La icónica leyenda del *jazz* Alice Coltrane exploró sin temor los límites de la música, el arte y las enseñanzas espirituales en su *ashram*, donde enseñó canto colectivo, meditación y música a una generación de estudiantes.

BIG – Bjarke Ingels Group · *The Orb* Dinamarca · 2018 Hecho con 30 toneladas de acero y 15000 horas de costura, el orbe de espejo de unos 25 metros de diámetro refleja todo Black Rock City, que cada año acoge el festival Burning Man en el desierto de Nevada.

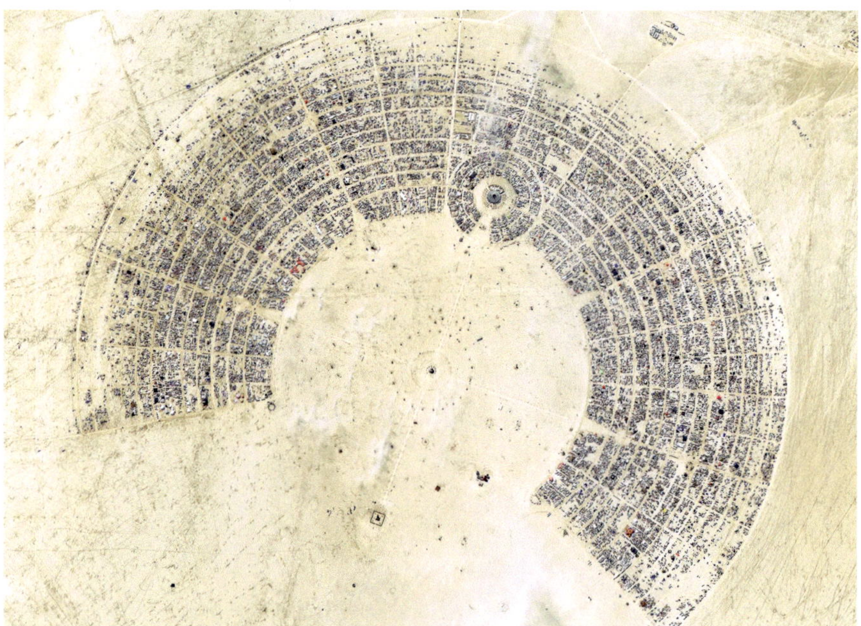

Foto por satélite Vista aérea del festival Burning Man · Estados Unidos · 2012 Rod Garrett concibió el diseño en medialuna de Black Rock City, donde se celebra el festival Burning Man, en Nevada. El diseño, que se ha mantenido, requiere una gran organización para atender a los 80000 asistentes.

(pág. opuesta) Giulio Romano, Giambattista Scultori y Michele Sanmicheli · Chimenea de la Villa della Torre Italia · Hacia 1560 Hecha por Giulio della Torre en Fumane, la casa cuenta con muchas chimeneas en forma de boca de monstruo. De los jardines a las habitaciones, el diseño respira un simbolismo complejo y significado espiritual.

Evans · *Alexander Calder* · Estados Unidos Hacia 1955 Las construcciones abstractas de estaño, acero y alambre del escultor Calder llenan su estudio de maravillas móviles. El artista se embarcó en la realización de esculturas a gran escala que se exhiben como instalaciones públicas en todo el mundo.

Tony Vaccaro · *Georgia O'Keeffe en su rancho*
Estados Unidos · 1960
En el remoto altiplano desértico de Nuevo México, la artista está sentada en el Ghost Ranch, su casa de adobe. O'Keeffe definió así este territorio, que se creía embrujado: «Un lugar bello, virgen y solitario, una parte preciosa de lo que yo llamo lo "Lejano"».

Autor desconocido
Hilma af Klint en la Kungliga Akademien de Estocolmo · Suecia
1885 Pintora de predicciones, esoterismo astral y asombro espiritual, así como devota de la teosofía y la antroposofía, la obra de Hilma af Klint no se reconoció públicamente hasta 1986, décadas después de su muerte. La artista se refirió a su obra en estos términos: «Para desempeñar la labor de esta vida, tenía que ser la mejor antroposofista posible [...] comprendo que no me haya hecho entender».

(pág. opuesta)
Steven Arnold
Autorretrato · Estados Unidos · 1986 En su estudio Zanzibar, el multidisciplinario protegido de Dalí posa entre piezas de colección antiguas y estampados animales. Fue aquí donde creó sus últimas obras, como las esculturas ensambladas y los cuadros vivientes que le dieron fama.

Ben Buchanan
Jean-Michel Basquiat pintando «Pree» en Area
Estados Unidos · 1985
Pree, la hija del gran músico de *jazz* Charlie Parker, protagoniza algunas pinturas de la serie de saxofonistas de Basquiat, en las que pintó escenas y mundos inspirados en sus músicos favoritos. En la fotografía, el artista está en pleno proceso de creación.

(anterior)
Hervé Gloaguen
Andy Warhol en Nueva York · Francia · 1966
El fotógrafo parisino Hervé Gloaguen retrató al grupo de Warhol, incluidos Nico, Gerard Malanga y Paul Morrissey, en la época más icónica del artista. Por su célebre fábrica pululaban figuras de la contracultura que posaban o se ponían detrás de la cámara.

Autor desconocido · R. Buckminster Fuller, creador de la cúpula geodésica · Estados Unidos · 1968 Rodeado de ejemplares de sus afamadas estructuras, el arquitecto, teórico de sistemas, escritor, diseñador, inventor y futurista estadounidense Fuller está sentado en su despacho de Carbondale, en Illinois.

David Montgomery · *David Hockney* · Estados Unidos · 1988 Las paletas saturadas de los paisajes californianos definen el estilo heterogéneo propio de Hockney. En la década de 1960, el pintor inglés se instaló en Los Ángeles, donde se inspiró en el cromatismo de la costa oeste.

Instant Insulation
Instant Insulation

(pág. opuesta) Autor desconocido · Salvador Dalí y Gala · España 1957 El artista surrealista Dalí posa con Gala, su mujer y su musa, que fue modelo de muchas de sus obras. Hoy, su casa de Portlligat es un destino turístico y una experiencia maravillosa para conocer el lugar de residencia de toda una leyenda.

Karl Bissinger · *Henry Miller* · Estados Unidos 1950 Bissinger hizo una crónica fotográfica y narrativa del escritor Henry Miller cuando lo visitó en su casa de Big Sur, en California, donde Miller halló «grandeza y un silencio elocuente» cuando aún era un paraíso remoto y apacible. Al parecer, fue él quien popularizó el turismo en la zona.

Michel Sima · *Jean Cocteau* · Polonia · 1955 Tras entablar amistad con Francine Weisweiller, Cocteau pasó temporadas en su residencia de la Costa Azul, llamada Santo Sospir, en cuyas paredes pintó más de 200 imágenes mitológicas de murales griegos, romanos y bíblicos.

(pág. 416) Yousuf Karsh · *Carl Jung en su despacho* · Canadá · 1958 El estudio con vidrieras de Jung, donde escribió *El libro rojo*, es una habitación pequeña y oscura. Se dice que, cuando se encerraba aquí, solo podían interrumpirlo por dos razones: una guerra o un incendio.

(pág. 417) Gisèle Freund · *Frida Kahlo en su habitación* · Francia 1951 · Por sus graves lesiones, Kahlo pasaba temporadas sin moverse de la cama, lo que no impedía que siguiera creando. Colgó un espejo sobre la cama y, con un caballete hecho a medida, siguió con los autorretratos que le dieron la fama.

(arriba) Antoni Gaudí *Banco del Park Güell* España · 1926 Dalí consideraba que el mundialmente famoso banco del Park Güell, la ciudad jardín diseñada por Gaudí, era un precursor del surrealismo. El caprichoso asiento en forma de serpiente ofrece unas vistas espectaculares de Barcelona.

Dennis Hopper · *Niki de Saint Phalle* · Estados Unidos · 1967 Hopper hizo muchos retratos de sus amigos, que le permitían que los fotografiase en momentos de intimidad. En este, la escultora, pintora, cineasta y escritora Phalle está pintando una de sus esculturas.

(pág. opuesta) Niki de Saint Phalle · Capilla del *Jardín del Tarot* · Francia/Estados Unidos · 2011 La artista diseñó un *Jardín del Tarot* fantásticamente psicodélico en la Toscana. Vivió dentro de su escultura de La Emperatriz y construyó una pequeña capilla que adornó con fotos y recuerdos personales.

LE DOUBLE MONDE
L
H
O
O
Q
FRAGILE
BAS
M'AMENEZ'Y
HAUT
À DOMICILE

PARTE IV

EL ARTE COMO CULTO

Teatros, museos y bibliotecas

Lo único que hay que saber necesariamente es dónde está la biblioteca.

— ALBERT EINSTEIN, físico teórico, 1912

El arte como acto de trascendencia, de búsqueda espiritual. Esto es lo que infunde sacralidad a un espacio. De este modo, tal vez los grandes teatros, museos y bibliotecas del mundo estén grabados de manera indeleble por el eco de la creatividad que encierran. Piense en los bailarines y los cantantes que han engalanado los escenarios del Bolshói de Moscú, la Metropolitan Opera House de Nueva York o La Scala de Milán. Imagine la cantidad de músicos célebres que han tocado en el Royal Albert Hall de Londres desde que se inauguró en 1871 o las actuaciones que se celebraron en el antiguo teatro de Dioniso de Atenas. Construido en el siglo VI a. C., este lugar suele considerarse el primer teatro del mundo, construido en honor del dios Dioniso, y tenía capacidad para 15 000 espectadores en su momento de máxima afluencia.

La cultura griega tal vez fuera la primera que erigió espacios destinados al arte y a las representaciones. El teatro de Epidauro del Peloponeso, construido en el siglo IV a. C., es uno de los mejor conservados de sus numerosos teatros antiguos. Los romanos también levantaron estructuras destinadas a congregar público para ver espectáculos, como el teatro romano de Orange, en Francia, construido a principios del siglo I. Se trata de uno de los teatros romanos mejor conservados y aún se utiliza. El teatro de Aspendos, en Turquía, se construyó durante el reinado de Marco Aurelio y es conocido por el excelente estado de conservación de su edificio escénico, un bello ejemplo de arquitectura teatral romana que sigue intacto.

Los museos también despiertan una gran fascinación como espacios sagrados creativos. La energía que se respira en ellos tal vez se alimente de la voluntad de exhibir grandes pinturas y esculturas, con los mecenas imbuidos por la fascinación que produce rendir culto al magnífico altar del arte. ¿Quién no ha experimentado una transformación al tener delante la *Mona Lisa* de Da Vinci en el Museo del Louvre de París? ¿O le ha embargado una gran felicidad al contemplar una obra del Greco en el Museo del Prado de Madrid? El British Museum de Londres alberga una vasta colección de artefactos, miles de objetos que atestiguan la historia de la humanidad y sus creaciones artísticas y culturales. La extensa colección del Metropolitan Museum of Art de Nueva York abarca varias culturas

(anterior) André Breton *La pared* · **Francia 1966** André Breton, escritor dadaísta y fundador del surrealismo, tenía una gran colección de artefactos, a cada cual más asombroso. Expuesta en una pared de su estudio y, más adelante, trasladada al Centre Pompidou, parecía ser una metáfora activa o una representación espacial de sus sistemas de creencias y su rechazo por las típicas exposiciones de arte.

Sir John Soane · La galería abovedada del Soane Museum · Inglaterra · 1807 Sir John Soane convirtió su casa en un museo lleno de incontables piezas de los antiguos Imperios griego, romano y egipcio, además de pinturas de los antiguos maestros, dibujos y libros raros, para que todo el mundo tuviera acceso a la genialidad del mundo antiguo.

SAPIENTIAM OMNIUM ANTIQUORUM
EXQUIRET SAPIENS
ECCLI. 39.1.

y épocas. En este museo, las estatuas del antiguo Egipto conviven con las joyas de la antigua Grecia, con los dioses y las diosas de la antigüedad a modo de centinelas en medio del bullicio de la era moderna.

La historia del Guggenheim Museum de Nueva York, que fue fundado por el filántropo Solomon R. Guggenheim y la asesora artística Hilla von Rebay, comenzó a finales de la década de 1920 con la adquisición de obras de pintores como Wassily Kandinsky y Piet Mondrian. En la década de 1940, Guggenheim conoció al arquitecto Frank Lloyd Wright y le encargó que diseñara un nuevo museo para albergar la colección, que no dejaba de crecer. La construcción del edificio en forma de espiral, que hoy es todo un icono, empezó en 1956, y el museo abrió al público en 1959. Desde entonces, se ha convertido en una de las instituciones más influyentes del mundo, por su importancia arquitectónica y su planteamiento innovador de la exposición de obras de arte. En octubre de 2018, el Guggenheim inauguró la exposición «Hilma af Klint: Paintings for the Future», una rompedora retrospectiva de la artista sueca. La muestra comprendía más de 170 obras de Af Klint, incluidas sus vibrantes pinturas a gran escala anteriores a los movimientos del arte abstracto del siglo XX. El arte de Af Klint estaba marcado por su interés por la espiritualidad, la teosofía y la exploración de los planos invisible y cósmico. Casi cien años antes de la exhaustiva exposición en el Guggenheim, en sus primeros escritos Af Klint concibió un gran edificio en forma de espiral para exponer lo que ella llamaba sus «pinturas para el templo».

De estos templos consagrados al arte, tal vez el Teatro-Museo Dalí de Figueres, en España, sea el más mágico de todos ellos, así como uno de los museos más importantes y populares dedicados a un solo artista. El propio Dalí supervisó la construcción en los cimientos del antiguo teatro de Figueres, su ciudad natal, que quedó destruido al final de la Guerra Civil. Que el museo se construyera donde había estado el teatro tiene un fuerte simbolismo, puesto que Dalí quería que fuera un lugar de confluencia del arte, la teatralidad y el surrealismo. El museo se inauguró en 1974 y alberga una cantidad considerable de las obras que Dalí creó a lo largo de su vida. Fiel a la naturaleza daliniana, el museo es una obra maestra del surrealismo en sí mismo, dotado de numerosos elementos simbólicos (como el huevo y la hogaza) que eran motivos recurrentes en sus obras. Dalí también está enterrado allí, en una cripta de debajo del escenario. El museo no solo es una colección de la obra del artista, sino también un testimonio de su visión y creatividad, y un lugar de peregrinación para quienes sienten fascinación por su obra.

La idea de un espacio artístico colectivo como lugar sagrado tal vez se perciba más intensamente en las grandes bibliotecas del mundo, los inmensos repositorios de conocimiento e ideas que existen desde hace siglos en culturas de todo el mundo. La biblioteca de Alejandría, fundada en el siglo III a. C. en la ciudad egipcia, fue una de las más grandes e importantes del mundo antiguo. Aunque no ha llegado a nuestros días, su legado ha influido en la evolución de las bibliotecas a lo largo de la historia y en todo

(siguiente)
Thomas H. Shepherd
Museo de Bullock
Inglaterra · 1810
En una serie de volúmenes titulados *The Survey of London*, que documentaban la historia antigua y actual de la construcción arquitectónica, se ilustra el Egyptian Hall de Piccadilly, que, entre otras cosas, albergaba la colección de William Bullock de las reliquias que el capitán Cook trajo de sus viajes.

Matthias Steinl · ***Biblioteca de la abadía de Vorau***
Austria · 1731 La biblioteca barroca de la abadía de Vorau, en Austria, estaba repleta de valiosos libros agustinos, muchos de los cuales ardieron en un incendio, fueron destruidos por el régimen nazi o desaparecieron en robos. En la actualidad, sigue siendo un archivo sagrado lleno de belleza e historia.

BULLOCK

MUSEUM,

el planeta. La biblioteca de la Universidad de Al-Qarawiyyin de Fez, en Marruecos, se fundó en 859 d.C. A menudo considerada la institución que lleva más tiempo en activo de manera continuada, la biblioteca alberga una colección notable de manuscritos islámicos.

(págs. 430-431)
Domenico Remps
Gabinete de curiosidades
Alemania/Italia
Década de 1690
En el siglo XVII, el coleccionismo de reliquias era un pasatiempo de suma importancia, como una manera de comprender la vida y encontrar sentido al mundo. El óleo sobre lienzo de Remps atestigua esta tendencia.

A veces, también la Biblioteca Apostólica Vaticana, fundada en 1475 en Roma, se considera la más antigua del mundo en términos de continuidad, puesto que ha estado en activo sin interrupciones desde sus comienzos. En la British Library de Londres, en Inglaterra, se conserva una gran colección de libros, manuscritos y documentos históricos, incluida la carta magna de la nación. La Bibliothèque nationale de France se encuentra en París y alberga extensas colecciones de libros, manuscritos y grabados. La Bodleian Library de Oxford, también en Inglaterra, es una de las bibliotecas más antiguas de Europa y cuenta con una colección de manuscritos antiguos. En la biblioteca del Trinity College de Dublín, la más grande de Irlanda, se custodia el célebre *Libro de Kells*, un manuscrito iluminado del siglo IX.

También cabe mencionar las colecciones esotéricas, espacios dedicados a las ciencias ocultas, los manuscritos de alquimia y los misteriosos grimorios. Los arcanos de las cartas del tarot más antiguas que se conservan, con la simbología pintada a mano grabada sobre vitela antigua, están repartidos por todo el mundo, en varios archivos como la biblioteca y el museo Morgan de Nueva York y la biblioteca Beinecke de manuscritos y libros raros de la Universidad de Yale. La biblioteca Beinecke, una de las más grandes del mundo en su especialidad, alberga un ejemplar de la Biblia de Gutenberg, el primer libro occidental impreso con tipos móviles, y el misterioso manuscrito Voynich, un códice ilustrado escrito a mano en un sistema desconocido que aún no ha podido descifrarse.

La magia del teatro, de ver cómo los actores encarnan el gran viaje humano, o de sacar libros encuadernados en cuero de las estanterías mientras se exploran los vastos archivos de las bibliotecas más grandes del mundo, o de inclinarse delante de las obras de arte expuestas en las casas del culto creativo que llamamos museos son actos que expresan un tipo de expansión espiritual, una manera directa de conectar con la alquimia divina de la propia creación.

Autor desconocido · Manly P. Hall en su biblioteca de la Philosophical Research Society en Los Feliz · Estados Unidos · 1985 Una de las colecciones más valiosas de esoterismo y ocultismo de la historia reciente, la biblioteca del filósofo Manly P. Hall aún se conserva en la Philosophical Research Society.

Dr. Henry C. Mercer · *Castillo Fonthill* · Estados Unidos · 1912 Henry Chapman Mercer, un arqueólogo, coleccionista y ceramista autodidacta, creó su propia arquitectura experimental con su caprichoso castillo Fonthill, situado en el Estado de Pensilvania.

Autor desconocido Filarmónica de Nueva York en el Hollywood Bowl · Estados Unidos 1963 Leonard Bernstein dirige la orquesta en el Hollywood Bowl. Hoy, los asientos ocupan el lugar del estanque, que creaba un efecto de espejo.

Alfred Waterhouse *Vestíbulo central del Museo de Historia Natural* Inglaterra · 1882 Un año después de abrir al público, la simetría del vestíbulo del Museo de Historia Natural de Londres se fotografió con toda su majestuosidad.

(pág. opuesta) C. Gel *Interior del Teatro Pequeño u Odeón, Pompeya* Italia · 1898 La cromolitografía de Antonio Niccolini, *Essais de restaurations des principaux monuments de Pompei*, recrea la afluencia de público en el teatro antes de la erupción volcánica.

(siguiente) Iván Bilibin Decorado de la ópera *Sadkó* · Rusia · 1914 Los esbozos en acuarela para el decorado de la ópera de Nikolái Rimski-Kórsakov muestran escenas de la historia.

И. БИЛИБИНЪ. 1914.

Degas

(pág. opuesta, arriba)
Autor desconocido
El Globe Theatre
Inglaterra · Siglo XX
El histórico teatro al aire libre de Shakespeare, el Globe, contaba con un patio central a cielo abierto. La ilustración muestra la primera versión del edificio, que se incendió y se sustituyó por otro de ladrillo.

(pág. opuesta, abajo)
Edgar Degas · *La escena de ballet de «Roberto el Diablo», de Giacomo Meyerbeer* · Francia 1876 Considerada una de las óperas con más éxito de la historia, *Roberto el Diablo* rezumaba simbolismo y una experiencia humana profundamente arquetípica. El impresionista francés Degas pintó el célebre clásico con su habitual maestría para plasmar la danza.

Henri de Toulouse-Lautrec · *En el baile de la ópera* · Francia · 1893 Toulouse-Lautrec documentó vibrantemente la extravagante cultura parisina de su época. La música y la danza fueron un ingrediente esencial de su obra expresiva.

浮繪　歌舞妓芝居之圖　歌川豊春画　板元　松村彌兵衛

(anterior)
Utagawa Toyoharu
Perspectiva de un teatro kabuki · Japón · 1776
El teatro *kabuki*, que podría traducirse a grandes rasgos como «vanguardia», representa la vida cotidiana y los acontecimientos históricos a través de la danza y el drama. Los teatros se diseñan en función de los puntos cardinales y cuentan con una maquinaria sofisticada, con ascensores, trampillas, un escenario giratorio y una funcionalidad mucho más dinámica.

Thomas Burgh · Long Room, biblioteca del Trinity College · Irlanda · 1732 Llena de bustos de mármol y de majestuosos compartimentos en arco para las estanterías, la Long Room de la biblioteca del Trinity College fue diseñada por Burgh y alberga el arpa de Brian Boru, símbolo nacional de Irlanda.

Autor desconocido · *Christ Church Hall, Universidad de Oxford* · Inglaterra · Década de 1520 Escenario de películas como *Harry Potter, X-Men, La brújula dorada* y la serie televisiva Endeavor, la sala del siglo XVI con techo de vigas de martillo está exquisitamente ilustrada en esta litografía de autoría desconocida.

(anterior)
Giovanni Paolo Panini
La antigua Roma
Italia · 1754-1757
A raíz de un encargo del conde Étienne François de Choiseul, Panini pintó tres versiones de la obra que ilustraba la pinacoteca de su propiedad. Entre las obras de la vasta colección se distinguen pinturas del Panteón, el Coliseo, la columna de Trajano y el Laocoonte.

(págs. 446-447)
Massimo Listri
Biblioteca de la abadía de San Galo, Suiza · Italia
2002 La biblioteca monástica de estilo rococó diseñada por el arquitecto austriaco Peter Thumb es una de las más antiguas y exquisitas del mundo. En ella se conservan importantes manuscritos medievales y modernos, que destacan aún más rodeados de la sublime obra de ebanistería bruñida, los balcones *art nouveau* y los frescos del techo. La UNESCO la declaró Patrimonio de la Humanidad.

I. M. Pei · Museo de Arte Islámico, Catar · Estados Unidos · 2008 Diseñado por Ieoh Ming Pei, el museo de Doha cuenta con un edificio principal de cinco plantas, además de un ala educativa y un gran patio central.

Pierre-Auguste Renoir · *En el teatro* · Francia · 1877 Dos mujeres miran desde el palco de un gran teatro en este óleo sobre lienzo. Es una de las tres obras del pintor sobre el mismo tema que muestran la vida teatral y la moda en la cultura parisina de la época.

En mis fotografías, siempre me dejo llevar por el interés y la curiosidad que me despierta una persona, así como su obra y su vida. A partir de ahí, todo fluye. En general, disfruto más de los espacios singulares que de los comunes, por eso mi mente bulle con esta idea: cómo crea el artista su espacio ideal para dar rienda suelta a su creatividad. He documentado espacios con los que me siento identificada. Hacía años que quería visitar la casa de Wharton Esherick, hasta que, finalmente, la fotografié para mi primer libro, Handcrafted Modern. *No me decepcionó. De hecho, vuelvo cada vez que estoy por Filadelfia. La casa de Alvar Aalto también me resultó muy especial. Es raro viniendo de mí, pero la verdad es que podría vivir en ella. En mi casa y mi espacio creativo, me gusta tener algún detalle de un artista/una persona cuya casa haya fotografiado. No siempre es posible, y la mayoría de las veces recurro a los libros, pero tengo algunas obras de artistas que he retratado, como Kay Sekimachi y J. B. Blunk. Por lo demás, mi espacio creativo evoluciona a tenor del proyecto en el que estoy trabajando. Se deconstruye al final de un proyecto y, después, se repuebla lentamente con cosas nuevas, generalmente en forma de recuerdos que me inspiran a seguir adelante.*

— LESLIE WILLIAMSON,

fotógrafa, viajera y autora de *Handcrafted Modern: At Home with Mid-Century Designers, Still Lives: In the Homes of Artists, Great and Unsung* y *Modern Originals: At Home with Mid-Century European Designers*, 2024

(siguiente) Sydney Smirke · Sala de lectura de la British Library · Inglaterra 1857 El histórico espacio con cúpula de cristal del corazón de la gran sala del British Museum está inspirado en el Panteón cupular de Roma. Una maravilla arquitectónica, actualmente la biblioteca alberga 25 000 libros, catálogos y otros tipos de material impreso centrado en las culturas del mundo.

Rafael da Silva e Castro · Real Gabinete Portugués de Lectura · Brasil · 1887 Inaugurada en 1887 en Río de Janeiro, Brasil, la biblioteca gótica diseñada por el arquitecto portugués Rafael da Silva e Castro constituye una experiencia fantástica con sus casi 400 000 volúmenes, incluidos manuscritos raros, obras literarias notables y pergaminos e infolios únicos.

(arriba) Frank Lloyd Wright · *Guggenheim Museum* · Estados Unidos · 1959 En la que fue una de sus obras más emblemáticas y futuristas, Frank Lloyd Wright experimentó con formas en espiral sagradas dentro del Guggenheim de Nueva York, un bello templo dedicado al arte moderno.

(abajo) Claude Monet Sala con la exposición de los *Nenúfares* del Musée de l'Orangerie Francia · 1893 Con una presentación multitudinaria en mente, Monet diseñó sus murales de mayor tamaño, que requerían una sala ovalada para exponer su obra magna inspirada en el jardín acuático que tenía en Giverny. En la década de 1920, la Tuileries Orangery se convirtió en un museo y, en las salas curvadas de la primera planta, se instalaron ocho pinturas de nenúfares.

Giuseppe Penone · *Leaves of Light – Tree* · Italia 2016 Las motas de luz del sol, o «lluvia de luz», se producen cuando la luz atraviesa la cúpula de motivos geométricos del Louvre de Abu Dabi, hecha por Jean Nouvel. Como una «maravilla árabe galáctica», con la artística estructura árabe se quieren destacar las «historias de la creatividad humana que trascienden las culturas o civilizaciones individuales».

Louis Kahn · Salk Institute · Estados Unidos · 1965 La icónica maravilla arquitectónica de Louis Kahn en La Jolla, California, es el Salk Institute for Biological Studies. Salk, que inventó la vacuna contra la polio, quería crear un lugar que despertara una sensación de pertenencia en pos del bienestar humano. La foto muestra la belleza del diseño simétrico.

Armand Phillip Bartos, Frederick John Kiesler y Gezer Heller · Santuario del Libro · Estados Unidos/Israel · 1965 Unos ejemplares tan extraordinarios como los rollos del mar Muerto merecen un espectáculo arquitectónico, como es el edificio blanco en forma de cúpula llamado el Santuario del Libro de Jerusalén. Los rollos se encontraron en las cuevas de Qumrán y se exhiben bajo una luz tenue especial. La exposición principal, el rollo de Isaías, solo se presenta en forma de copia.

LA PIEDRA ANGULAR DE LA CREATIVIDAD

El artista y el espacio

Mi arte se basa en la creencia de una energía universal que todo lo recorre: del insecto al hombre, del hombre al espectro, del espectro a la planta, de la planta a la galaxia. Mis obras son las venas que irrigan este fluido universal. Por ellas asciende la savia ancestral, las creencias originales, las acumulaciones primordiales, los pensamientos inconscientes que alimentan el mundo.

— ANA MENDIETA, artista e inquiridora, de unas declaraciones de la artista sobre su serie *Silueta*, 1981

Una enorme espiral de basalto que forma círculos concéntricos en las aguas de un antiguo mar interior. Túneles de cemento que se erigen como centinelas en medio del vasto paisaje desértico, enmarcando las vistas circulares telescópicas de los cambios del sol, la luna y el horizonte. Un observatorio excavado en un cráter rocoso, donde la pausada danza de la luz (del día al ocaso, a la noche azul intenso, al amanecer) invita a meditar sobre el lento giro de nuestro planeta. Las obras de arte contemporáneas que integran el entorno natural a modo de lienzo infunden a los espacios la santidad de la creación, el acto de marcar las piedras y la arena, los árboles y las hojas, con la intención del artista. Las obras efímeras de Andy Goldsworthy, por ejemplo, suelen interactuar con el paisaje y están concebidas para cambiar y evolucionar con el tiempo, a merced de los elementos, del viento, la lluvia y la luz del sol. La difunta artista cubana-estadounidense Ana Mendieta, conocida por su revolucionaria obra a través de la *performance*, la escultura y la fotografía, solía usar su propio cuerpo como lienzo para explorar temas como el feminismo, la identidad y la naturaleza. Su obra no ha perdido un ápice de su gran potencia, siendo una artista que mantenía una colaboración cruda y, a veces, beligerante, con la tierra, con la piel y la sangre, las flores, el agua y la arena.

En las décadas de 1960 y 1970, la aparición del *land art*, o arte ambiental, adoptó el uso de materiales orgánicos y la creación de estructuras y formas en los espacios naturales. La escultura *Spiral Jetty* de Robert Smithson, hecha en 1970 en el Gran Lago Salado de Utah, y los enormes *Sun Tunnels* de hormigón de Nancy Holt, construidos entre 1973 y 1976 en la Gran Cuenca de Utah, son solo algunas de las creaciones de *land art* más icónicas, monumentos imperecederos a la colaboración de la naturaleza con la voluntad

Daniel Buren · *Catch as Catch Can: Work in situ*
Francia · 2014 El escultor francés creó la caleidoscópica exposición de espejos arcoíris en el Baltic Center for Contemporary Art de Gateshead, en el Reino Unido. El artista diseñó la muestra de modo que respondiera directamente al espacio, permitiendo una experiencia subjetiva basada en la hora del día y la posición que se ocupaba en la sala.

Noah Purifoy · ***Outdoor Desert Art Museum*** **Estados Unidos** · **1989** Usando el arte para provocar cambios, Purifoy, cofundador del Watts Towers Arts Center y experto en la técnica del ensamblaje, creó más de 100 obras de arte en cuatro hectáreas de terreno en el parque nacional Joshua Tree.

Lukas Kühne · ***Escultura sonora Tvísöngur*** · **Alemania 2012** El artista alemán Lukas Kühne diseñó la escultura en la espectacular ladera de una montaña cercana a Seydisfjordur, en Islandia, un lugar que ofrece las condiciones ideales para disfrutar de la soledad, el espacio y la frecuencia del sonido.

y la imaginación humanas. En 1977, el artista Walter De Maria construyó su instalación inmersiva *Lightning Field* en los desiertos del oeste de Nuevo México, donde plantó 400 postes de acero pulido en forma de cuadrícula con la esperanza de atraer rayos y capturar la centelleante colisión entre la tierra y los cielos tormentosos.

En 1979, el prolífico artista James Turrell comenzó a construir lo que posiblemente sea su proyecto más épico, el *Roden Crater*, una obra inmersiva en el interior de un cono de escoria volcánica del desierto Pintado de Arizona. Aún en curso, la inmensa instalación cuenta con varias estancias excavadas en la corteza del cráter, incluido un «observatorio» para experimentar los cambios de la luz del sol, el cielo y el movimiento de las esferas celestes. Otro proyecto a largo plazo es el del estadounidense Michael Heizer, que creó City, un complejo monumental en el desierto de Nevada. La instalación, que rompió esquemas en 1970, abrió finalmente al público en 2022 y se considera uno de los proyectos de *land art* más ambiciosos.

En 1982, la artista Agnes Denes creó la que posiblemente sea el proyecto de *land art* más influyente, *Wheatfield-A Confrontation*, en el que transformó un solar de casi una hectárea del centro de Manhattan en un gran trigal. Durante cuatro meses, con la ayuda de voluntarios, limpió el terreno de escombros, esparció 200 camiones de tierra, plantó un campo de trigo dorado, lo cuidó y lo cosechó. Denes transformó radicalmente un fragmento de la ciudad en un entorno rural y, posteriormente, lo devolvió a la comunidad urbana. La cosecha viajó a 18 ciudades de todo el mundo con la exposición «The International Art Show for the End of World Hunger», y se plantó simbólicamente en todo el planeta.

En la década de 1970, el artista minimalista Donald Judd, que solía integrar su obra en el paisaje, se trasladó de Nueva York a la pequeña ciudad de Marfa, en Texas, en busca de un entorno más amplio y aislado para crear y exhibir su obra. Se sintió atraído por los vastos desiertos y la diáfana luz del oeste de Texas, el lugar ideal para sus esculturas. Judd adquirió una gran propiedad en Texas, donde instaló obras permanentes al aire libre, y su presencia en Marfa terminó por atraer a otros artistas, conservadores de arte y coleccionistas a la ciudad, lo que desencadenó un renacimiento cultural y estableció Marfa como un insólito destino artístico internacional. En 2003, se inauguró en la ciudad la galería y sala de exposiciones Ballroom Marfa, cuyo objetivo era la creación y la presentación de artes visuales, música y cine contemporáneos. Con sus exposiciones, *performances*, proyecciones de películas y residencias de artistas, el cometido de la Ballroom es exhibir obras contemporáneas a la vez que se implica con la comunidad local e integra el arte en los peculiares paisajes naturales de la región.

Con una evolución paralela al *land art*, el movimiento *light and space* es otro género artístico que altera la percepción y la experimentación del espacio del espectador con elementos como la luz y los materiales transparentes, traslúcidos o reflectantes. Los artistas de este movimiento surgido en el sur de California en la década de 1960 crearon obras en las que el espectador tenía que implicarse con su entorno de un modo más consciente, creando experiencias profundamente emotivas e inmersivas. Artistas como Robert Irwin y Doug Wheeler crearon esculturas e instalaciones a través de la manipulación de la luz y la sombra para transformar la percepción del espacio del espectador. Larry Bell, otro destacado exponente del *light and space*, es conocido por sus cubos de cristal y sus instalaciones de cristal a gran escala que exploran la relación entre el objeto y su entorno. Lita Albuquerque es una de las artistas más prolíficas que emergió de ambos movimientos. Ha creado muchas instalaciones *in situ* en todo el mundo, así como pinturas, películas inmersivas y *performances*. En una entrevista de 2022, definió así su obra más reciente: «Explora la idea de un lenguaje universal que es a la vez cósmico y terrenal. La vida, los planetas y los elementos surgen de la explosión de supernovas; el oro usado en los artefactos religiosos o los anillos de boda surge de estas fuerzas cósmicas (como nosotros)».

Durante el siglo pasado e inicios del actual, la emergencia de obras ambientales e inmersivas ha abierto un camino sin precedentes para experimentar tanto el arte como el espacio, con el espectador como participante y la tierra como galería. *The Wish Tree*, que creó Yoko Ono en 1996, es un ejemplo de instalación interactiva que invita al visitante a pedir un deseo y atarlo a la rama de un árbol vivo, mientras que *Sky Ladders*, de 1997, consistía en una serie de escaleras orientadas al cielo. Más recientemente, la estadounidense Lauren Halsey, conocida por sus instalaciones y esculturas a gran escala, creó una versión radicalmente contemporánea de un antiguo templo egipcio en la azotea del Metropolitan Museum of Art. Titulada *the eastside of south central los angeles hieroglyph prototype architecture (I)*, la obra combinaba la clásica arquitectura faraónica con objetos hallados en los paisajes urbanos de la casa de la artista en el sur de Los Ángeles.

Estas variadas expresiones artísticas, ya sean efímeras, permanentes, integradas en la naturaleza o instaladas en entornos urbanos, son, cada una a su manera, lugares sagrados, en el sentido de que están hechos para venerarse y admirarse, para evocar sentimientos, reacción y acción. Nos recuerdan que debemos estar presentes y ser reverentes. Experimentamos una transformación cuando contemplamos los fugaces fuegos artificiales del artista chino Cai Guo-Qiang o la escultura monumental de Simone Leigh titulada *Brick House*, que se erige como un centinela en el High Line de Nueva York. Nos apasiona la crudeza del arte que incorpora el cuerpo y la tierra, que nos sumerge en la emoción.

Las instalaciones *in situ* de Judy Chicago son otro ejemplo de manifestaciones artísticas que evocan la sacralidad, como su icónica serie *Smoke Bodies*, en la que unas mujeres desnudas, pintadas y poderosas, posaban en medio del humo de colores, imponiéndose frente al cielo azul y los inhóspitos paisajes desérticos. Artista muy prolífica, sus exposiciones en curso de fotografía, escultura e instalaciones exploran la evolución de los arquetipos femeninos y suelen centrarse en las interacciones inmersivas en entornos naturales. Chicago definió así su obra: «Trato de hacer un tipo de arte que guarda relación con los asuntos más profundos y míticos del género humano».

Thomas Riedelsheimer · Fotograma de *Leaning into the Wind* · Alemania · 2017 El artista protagoniza el documental de Thomas Riedelsheimer sobre su vida, donde explora el entorno donde vive, su persona y el impacto de su obra artística en el paisaje y las poblaciones de Escocia y en su propio cuerpo.

(pág. 464) Andy Goldsworthy *Le Vieil Esclangon* del *Refuge d'Art* · Inglaterra 2020 Creado por el artista británico Andy Goldsworthy, en colaboración con el Musée Gassendi y la reserva geológica de Alta Provenza, el itinerario de 150 kilómetros y 10 días de recorrido por los Alpes franceses pasa por muchos paisajes escultóricos.

(pág. 465) Deming King Harriman *Amethyst Gateway* Estados Unidos · 2022 Con un llamativo contraste, el *collage* cósmico es parte de la serie de reinos celestiales del artista multidisciplinar Harriman, que explora los arquetipos y el simbolismo de la mitología, la leyenda y el folclore.

Christo y Jeanne-Claude · *Monumento envuelto de Leonardo* 1970 Los artistas envolvieron los monumentos del rey Víctor Manuel II y Leonardo da Vinci con tela de polipropileno y cuerda roja del mismo material en Milán, Italia.

(pág. opuesta, arriba) Yayoi Kusama · *Calabaza amarilla* · Japón · 1994 La calabaza gigante de Kusama está en un embarcadero de Naoshima. La artista dice del proyecto: «Me enfrentaría al espíritu de la calabaza. Olvidando todo lo demás y concentrándome solo en la forma que tengo delante».

(pág. opuesta, abajo) Torkwase Dyson · *Liquid A Place* · Estados Unidos · 2023 A partir de la idea de que somos agua y nos mezclamos con todos los cuerpos de agua que nos rodean, Dyson invita a los espectadores de la escultura a reflexionar sobre la interconexión con la vida y el recuerdo.

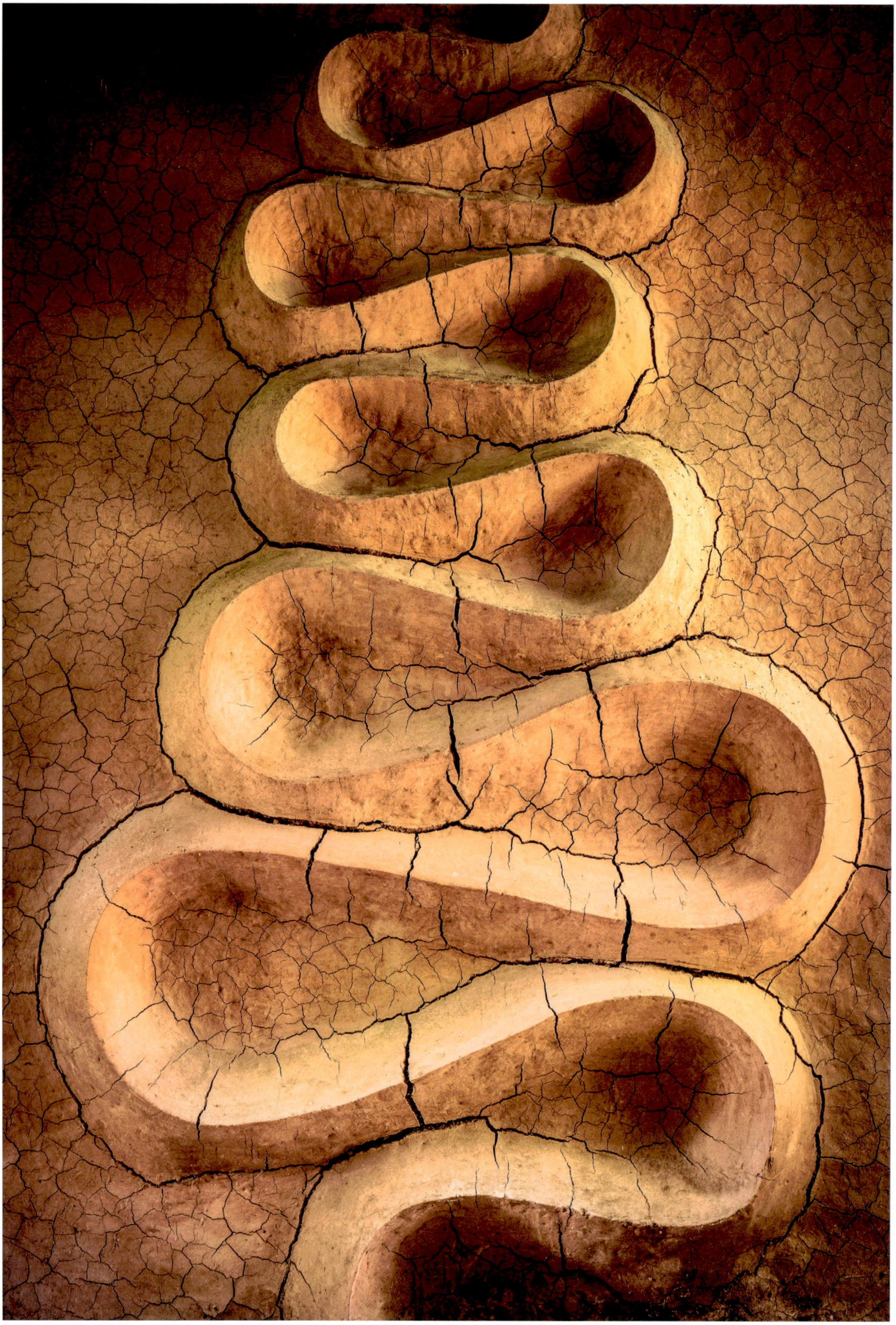

Agnes Pelton *Resurgence* · **Estados Unidos · 1938** Tenue y onírico, un punto de abstracción trascendente brota de una superficie congelada con una trayectoria que va de lo conocido a lo desconocido. El etéreo óleo sobre lienzo de Pelton expresa su comprensión de esas verdades espirituales que nos llevan a la iluminación.

Brice Bischoff · *Cuevas de Bronson #11 y #12* **Estados Unidos · 2010** Hecha utilizando métodos fotográficos de larga exposición, esta obra etérea está inspirada en la historia cinematográfica de las cuevas de Bronson de Los Ángeles, California.

(anterior) Fabrice Monteiro *Deforestation from The Prophecy* · Senegal 2016 Para despertar la conciencia colectiva acerca de la degradación medioambiental que padece África occidental, Monteiro crea personajes con desperdicios destructores en paisajes áridos. Su objetivo es transmitir el mensaje a través del arte a todas las culturas y todos los continentes.

Lucien Shapiro · *Final Fear Burn and Ceremony* Estados Unidos · 2016 Shapiro habla así de sus *performances*, como en la que recorrió 42 ciudades para recolectar miedos que después quemó en un ritual: «Un baile entre la vida y la muerte, mi arte está plagado de objetos encontrados, texturas, formas moldeadas, manipulaciones y materias primas. Al tratar los objetos olvidados y los recuerdos como un tesoro, creo un reino que genera nueva vida a través de la escultura».

Chiharu Shiota · *I hope* · Japón · 2021 La artista japonesa creó un espacio para inspirarnos a creer de nuevo, como una instalación inmersiva. Con las miles de cartas que le enviaron personas de todo el mundo, en las que compartían sus esperanzas para el futuro, tejió los anhelos con hilos escarlata.

Judy Chicago · *Multi-Color Atmosphere* de la serie *On Fire* · Estados Unidos · 1970 La feminización del ambiente masculinizado de la escena artística estaba detrás de las *performances* de fuegos artificiales *in situ* que Judy Chicago realizó en California en la década de 1970.

Paula Duró · *El Misterio de las Flores* · Argentina 2021 *El misterio de las flores* conjuga el misticismo de la naturaleza con la interconexión entre los humanos y la tierra. La artista argentina explora el equilibrio de luz y oscuridad de su arte con la intención de alentar el redescubrimiento de la unidad sagrada que tenemos con todas las cosas.

Betye Saar · *Legends in Blue* · Estados Unidos 2020 Betye Saar, artista estadounidense especializada en la técnica del ensamblaje, recurre a la espiritualidad y la utilización de objetos encontrados para producir sus prolíficas y diversas exploraciones creativas.

Yoko Ono · *Half-A-Room* · Japón/Estados Unidos 1967 La artista y música japonesa Yoko Ono sentada en la media habitación pintada de blanco de su instalación *Half-A-Room*, parte de la vanguardista exposición *Half-A-Wind Show* que realizó en la Lisson Gallery de Londres en 1967.

(siguiente) Robert Smithson · *Spiral Jetty* · Estados Unidos · 1970 Hecha con unas seis toneladas de roca y arena, la escollera artificial de la costa del Gran Lago Salado de Utah se construyó para que se desintegrara. La estructura va erosionándose por la acción de la tierra, el paso del tiempo y el clima.

Alice Aycock · *Maze*
Estados Unidos · 1972
La prolífica escultora Alice Aycock suele trabajar con acero para construir instalaciones a gran escala que muchas veces parecen trascender las leyes de la gravedad en espacios públicos, paisajes e instituciones un tanto mundanos.

Richard Long
Dusty Boots Line, Sahara
Inglaterra · 1988 Las líneas, «sin rumbo fijo» según el artista, se forman en el suelo a base de caminar por ellas una y otra vez sin ningún propósito y por la belleza consciente de caminar por caminar. Este proyecto de *land art* se creó en el desierto de Argelia.

(pág. opuesta, arriba) Zhang Huan · *Buda de tres piernas* · China · 2007 La escultura de cobre y acero de 12 toneladas del museo al aire libre Storm King se concibió a raíz de la opinión del artista de que nuestra modernidad se revitaliza continuamente a través de un compromiso con el pasado.

(pág. opuesta, abajo) Bruno Nasatti · *Mamá*, de Louise Bourgeois · Italia · 2012 La escultora Louise Bourgeois construyó *Mamá* para representar la fuerza y la protección de su madre. La instalación de casi nueve metros de alto forma parte del Museo Guggenheim de Bilbao.

Rachel Whiteread *Ghost* · **Inglaterra** **1990** El resultado de llenar de hormigón una habitación de una casa victoriana para obtener un molde de todas las grietas, las fisuras y los intrincados detalles de las paredes y las ventanas, la obra de la artista tipifica su habilidad para convertir objetos y entornos cotidianos en huellas fantasmagóricas impregnadas de recuerdos del pasado.

Elmgreen & Dragset *Prada Marfa* **Dinamarca/Noruega** **2005** Prada Marfa es un proyecto permanente de *land art* de los artistas Elmgreen & Dragset, encargado por la Art Production Fund y la Ballroom Marfa. A imagen y semejanza de una *boutique* de Prada, la escultura alberga bolsos y zapatos de lujo de la colección de otoño de 2005 de la marca.

Jonah Freeman y Justin Lowe · ***Hello Meth Lab In The Sun*** · **Estados Unidos** · **2008** Freeman y Lowe trabajan en equipo para actualizar situaciones culturales ficticias en espacios visuales mediante la creación de instalaciones arquitectónicas e inmersivas *in situ*. El desastre distópico del laboratorio de estupefacientes ofrece al espectador un primer plano de lo que solo puede imaginarse.

(págs. 482-483)
Liza Lou · *Kitchen* Estados Unidos · 1991-1996 Fruto de cinco años de trabajo, la réplica a gran escala de la detallista cocina de papel maché y mosaicos de abalorios es, para Lou, un alegato en favor de la dignidad del trabajo. A través de este espacio tradicionalmente ligado al ámbito femenino, *Kitchen* aborda los roles de género de la vida estadounidense.

Jeanne K. Simmons · *Extensions* · Estados Unidos 2020 Como una extensión de ella misma, su cabello, su sistema nervioso y la naturaleza, en esta serie la artista demuestra nuestro vínculo irrompible con el mundo natural al trenzar literalmente el pelo de la modelo con la hierba de la tierra.

Mark di Suvero · *Hugs* · Estados Unidos · 2011 Al permitir a los espectadores participar en una experiencia cinestésica, la enorme instalación en forma de trípode de Nueva York pone el arte al alcance de todo el mundo sin las trampas de la jerarquía museística.

Lay's
Potato Chips
Budweiser
Budweiser
SMACKS
Toaster

Joy
Grocery List
sugar
butter
beer
milk
CAP'N CRUNCH
MILK
Global News
HOUSEWIFE BEATS THE WORLD!
PLUS! FROGMAN REVEALS THE SECRETS OF TOUGH LOVE!

Michael Heizer
City · Estados Unidos
1972 Inspirado en las antiguas ciudades rituales, Michael Heizer construyó la escultura de 2,5 kilómetros de longitud en el desierto de Nevada. Hecha de hormigón, que se vertió *in situ* utilizando roca y arena de la zona, la estructura monumental se construyó para ser destruida. No obstante, el presidente Obama declaró Monumento Nacional las más de 280 000 hectáreas de territorio virgen que rodean la obra artística para protegerla.

Lauren Bon y Metabolic Studio · *Underland*
Estados Unidos · 2021
Con el objetivo de aprovechar los recursos naturales del lugar, se ha perforado el lecho del río Los Ángeles para abrir un caudal alternativo para el agua que de otro modo iría a parar al mar. El redireccionamiento pasará por un humedal de tratamiento de aguas residuales y, posteriormente, se distribuirá por los parques de la zona, incluido el L. A. State Historic Park, de 21 hectáreas.

(pág. opuesta) Marianne Gast · *Bailarines del Ballet Experimental de El Eco* · Alemania · 1953
Con la utilización del espacio público como medio, Marianne Gast generó polémica durante la transformación política y cultural al ayudar a definir un Estado mexicano modernizado de pensamiento libre. Recurrió a la «arquitectura emocional» en sus *performances* públicas para articular espiritualmente sus ideas. Aquí fotografió a los bailarines (Walter Nicks entre ellos) delante de *La serpiente*, una escultura de su marido, el artista mexicano Mathias Goeritz.

Olafur Eliasson · ***The Weather Project*** · **Islandia/ Dinamarca** · **2003** En la instalación *in situ*, situada en la Tate Modern de Londres, el artista Olafur Eliasson creó un sol artificial con espejos, luces y niebla.

Ai Weiwei · ***Gilded Cage*** · **China** · **2017** Para concienciar sobre la situación de los refugiados, Ai hizo una jaula de oro y otras instalaciones simbólicas en la esquina sudeste del Central Park de Nueva York y otros sitios emblemáticos del área metropolitana.

Barbara Kasten
Architectural Site 17
Estados Unidos · 1988
La compleja y sofisticada labor de la fotografía como técnica de ensamblaje a partir de materiales como madera pintada, yeso, espejos, pantallas y fibras define las obras de Barbara Kasten, que, a través de la luz y los espejos, alteró la forma y el espacio del interior del edificio diseñado por Richard Meier del High Museum of Art.

Varios · *The Real Unreal* · Estados Unidos 2023 Concebida y materializada en Santa Fe, Nuevo México, la cuarta ubicación de Meow Wolf (una instalación artística inmersiva que es todo un museo en sí misma) abrió en Texas. Con más de 30 salas de arte psicodélico y surrealista rico en detalles para explorar, los visitantes son transportados por un portal tras otro, a cuál más imaginativo.

Dan Flavin · *Sin título (para Leo Castelli con motivo del 30.° aniversario de su galería)* · Estados Unidos 1989 La obra iluminada rinde homenaje a Leo Castelli, el descubridor, defensor y promotor de muchos iconos del arte pop en sus inicios, como Andy Warhol, Dan Flavin, Roy Lichtenstein y Jasper Johns.

Ugo Rondinone · *Seven Magic Mountains* · Suiza 2016 La instalación a gran escala de arte público *in situ* del artista suizo Rondinone es una expresión creativa de la presencia humana en el desierto que salpica el Mojave con una poética explosión de formas y colores.

Chris Holmes · *The Journey Within* · Estados Unidos · 2024 Con el fin de despertar la percepción psicodélica de una inmersión en la luz y el sonido, el DJ Holmes crea *happenings* que estimulan la capacidad del cuerpo de entrar en estados de trance.

Anila Quayyum Agha · *Intersections* · Pakistán/ Estados Unidos · 2013 Colgada del techo, la estructura de acero está perforada con un diseño geométrico y floral, e iluminada desde dentro para crear sombras en todas direcciones, incluidos los visitantes del espacio.

(siguiente) Barry William Hale · *Arcanorum 231* Australia · 2021-2023 El templo de RV se inspira en el *Liber Arcanorum*, de Crowley. Con el arte de Hale y el mito de la Crata Repoa, el visitante puede realizar invocaciones, tocar la percusión y cantar para invocar los espíritus del tarot del texto de Crowley.

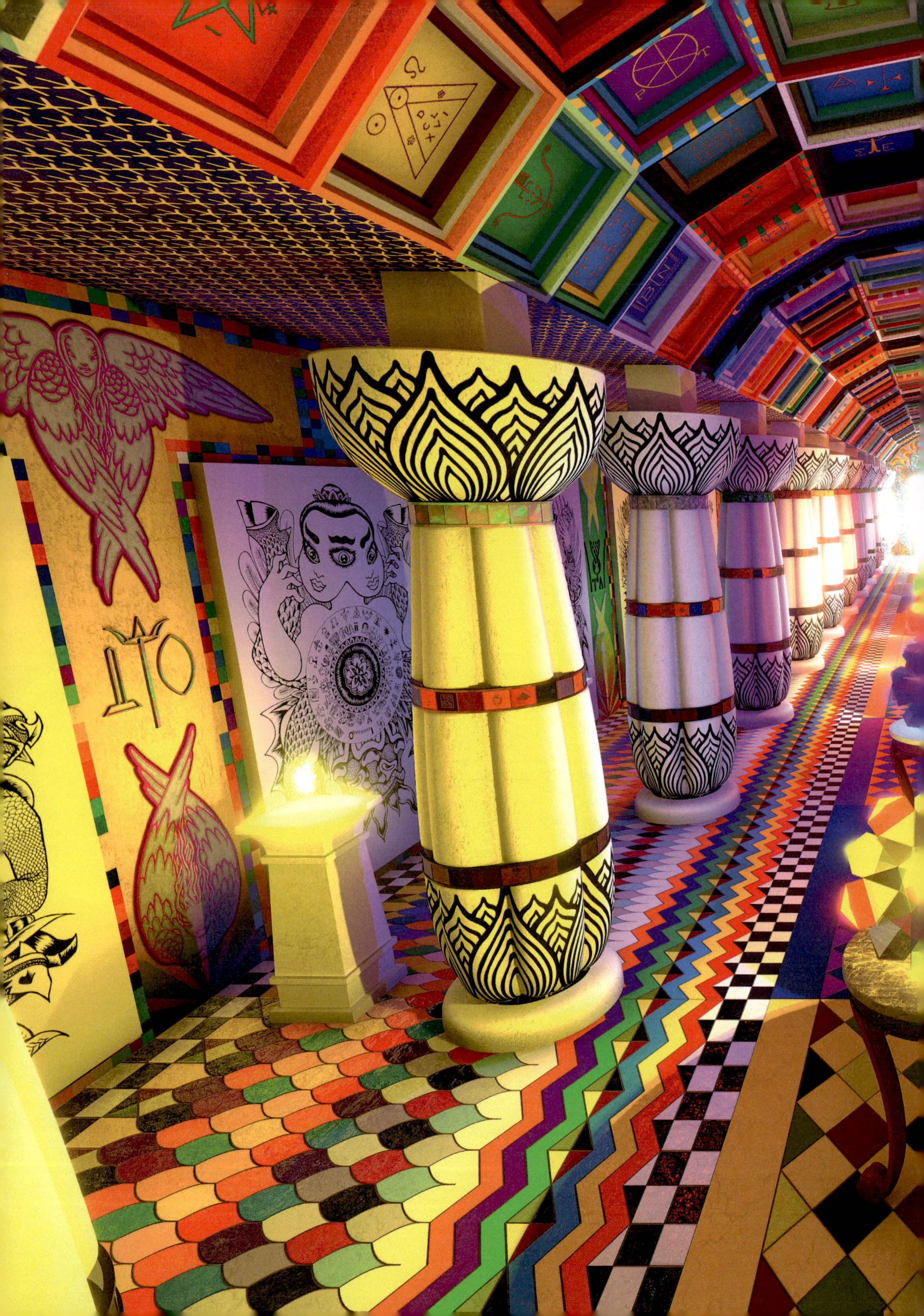

(págs. 496-497) Doug Aitken · *Mirage* Estados Unidos · 2017 Hecha de una superficie de espejo, la instalación *in situ* adopta la forma de un rancho en el desierto de California. Al reflejar la naturaleza que la rodea, se confunde con el paisaje, lo que evoca una interpretación única en cada visitante.

Kathryn Garcia Fotograma de *She changes everything She touches, and everything She touches changes* Estados Unidos · 2023 La artista está arrodillada frente a la isla vórtice de Es Vedrà, en España. La diosa fenicia Tanit se superpone encima de la imagen, lo que revela la conexión de la artista con esta deidad.

Nugzar Manjaparashvili *Paz* · Georgia · Década de 1970 La escultura, que recuerda a un Buda reclinado, se erigió en 1970 en Nukriani. El Estado la encargó para conmemorar la participación de Georgia en la II Guerra Mundial.

(pág. opuesta) Elena Stonaker · *Big Mama,* de la instalación *Snake's Belly* · Estados Unidos · 2019 La obra de la artista y diseñadora se inspira en la mitología y la narrativa. Elena Stonaker define así sus esculturas blandas: «Representan la figura de la diosa, la figura de la madre. Las hago para que parezcamos pequeños a su lado, para sentirnos como cuando éramos niños, cuando todo nos sorprendía».

(anterior) Nancy Holt *Sun Tunnels* · Estados Unidos · 1973-1976 En el remoto desierto de la Gran Cuenca de Utah hay cuatro tubos de hormigón con unos agujeros perfectamente practicados que filtran la luz para proyectar constelaciones en el interior. La captura de cerca de las condiciones cósmicas proporciona literalmente una experiencia de «como es arriba, es abajo».

Charles Ross · *Star Axis: Star Tunnel* · Estados Unidos · En curso Concebida en 1971, la escultura de la tierra/el cielo de 11 pisos de altura y 160 metros de diámetro está a punto de terminarse en el remoto desierto de Nuevo México. *Star Axis* es una excavación realizada para observar las estrellas. Su geometría arquitectónica está definida con precisión por las alineaciones entre la tierra y las estrellas para que pueda experimentarse de manera física y a escala humana.

Walter De Maria · *The Lightning Field* · Estados Unidos · 1977 En un lugar elegido por su aislamiento y lejanía de la interacción humana, la instalación de *land art* que consiste en 400 postes de acero inoxidable clavados en el suelo está distribuida con precisión en forma de cuadrícula por la que se pasean los visitantes. Se considera una obra maestra del minimalismo. En este espacio de reflexión y desconexión de la era de la información no se permiten teléfonos, cámaras ni coches.

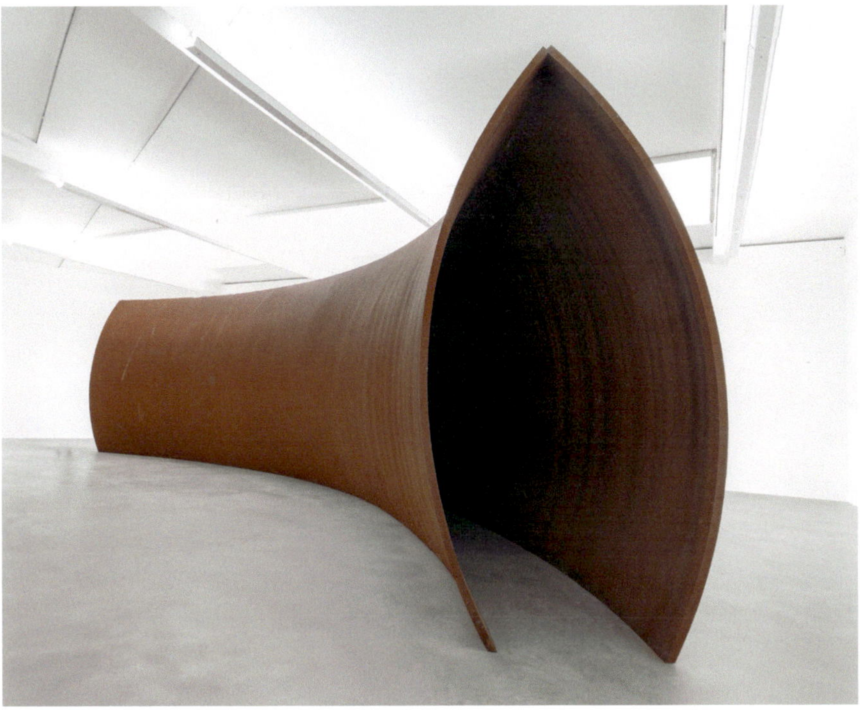

(pág. opuesta, arriba) Jim Denevan
Lake Baikal, Siberia
Estados Unidos · 2010
Diseñada según la sucesión de Fibonacci, es la obra artística más grande instalada en un lago helado de Siberia. Como todas sus obras efímeras de *land art*, el dibujo del lago Baikal se desvaneció meses después por las condiciones meteorológicas.

(pág. opuesta, abajo) Andrew Rogers · *Knot*
Australia · 2008 Cientos de nepalíes ayudaron a Rogers a crear su obra de *land art* en Pokhara. El proyecto «Rhythms of Life» consiste hoy en 51 enormes dibujos hechos con piedras. El nudo infinito simboliza el ciclo infinito de la vida y el renacimiento del budismo tibetano.

(abajo) Richard Serra
Backdoor Pipeline
Estados Unidos · 2010
La forma cavernosa de la escultura de acero doblado de la Gagosian Gallery de Londres está pensada para que el visitante la recorra. Primero conduce a la oscuridad absoluta y, luego, de nuevo a la luz.

(pág. 503, arriba)
Ensamble Studio
(Antón García-Abril
y Débora Mesa)
Portal Invertido · España
2016 El equipo de Ensamble Studio desdibuja las líneas que separan el *land art*, el arte, la arquitectura, la estructura y la escultura. Hecha de materiales encontrados, su obra trasciende los límites arquitectónicos y las épocas para crear un impacto emocional puro y directo.

Maya Lin
Storm King Wavefield
Estados Unidos · 2009
En un terreno de 4,5 hectáreas en New Windsor, en el Estado de Nueva York, Lin creó 1,5 hectáreas de olas en un océano de verdor diseñadas a la misma escala que las olas reales para que el visitante pueda sentirse como si estuviera en el mar.

Agnes Denes · *Wheatfield – A Confrontation: Battery Park Landfill* · Estados Unidos · 1982 En un vertedero en pleno centro de Manhattan, Denes sembró a mano un trigal que simbolizaba la alimentación, la energía, el comercio nacional e internacional y la economía. El proyecto era un toque de atención sobre la mala gestión, el despilfarro, el hambre en el mundo y la problemática medioambiental.

Wheatfield — A Confrontation, *tuvo lugar en el vertedero de Battery Park, en el centro de Manhattan. Hice el proyecto en 1982, pero tuvo más repercusión después del atentado del 11 de septiembre en el mismo lugar donde había estado el trigal. Mi decisión de plantar trigo en Manhattan en lugar de limitarme a diseñar otra escultura pública surgió de una vieja inquietud y la necesidad de llamar la atención sobre el equívoco de nuestras prioridades y el deterioro de los valores humanos. Manhattan es la isla más rica, más profesional, más congestionada y, sin duda, más fascinante del mundo. Tratar de sembrar, cuidar y cosechar casi una hectárea de trigo aquí, desaprovechando un espacio con tanto valor, obstruyendo la maquinaria al ir contra el sistema, fue una desfachatez en toda regla que la convirtió en la gran paradoja que estaba buscando para pedir cuentas. Hacerlo a los pies del World Trade Center, un bloque de Wall Street, delante de la estatua de la Libertad, tenía que ser un cauto recordatorio de lo que esta tierra había representado y, esperemos, siga representando.* Wheatfield *era un símbolo, un concepto universal. Representaba la alimentación, la energía, el comercio nacional e internacional y la economía. Hacía referencia a la mala gestión, el despilfarro, el hambre en el mundo y la problemática medioambiental. Era una intrusión en la Ciudadela, una confrontación de la Alta Civilización. Pero también un Shangri-La, un pequeño paraíso, el recuerdo de la infancia, una calurosa tarde de verano en el campo, la paz, los valores olvidados o los placeres sencillos. La idea de cultivar un trigal no tiene ninguna complicación. Penetras la tierra, pones tu semilla del concepto y dejas que crezca, se expanda y dé fruto. En eso consiste la creación y la vida. Es muy sencillo, pero tenemos tendencia a olvidar lo más básico. Lo que distinguía este trigal era que no estaba sembrado en suelo franco, sino en un sucio vertedero lleno de metales oxidados, pedruscos, viejos neumáticos y sobretodos. No era tierra de cultivo, sino una extensión del congestionado centro de una metrópolis donde soplaban peligrosos vientos cruzados, había embotellamientos y cada centímetro era una valiosa realidad. Lo absurdo de la situación, los riesgos que corrimos y las adversidades que vivimos formaban parte del concepto básico. El arte consiste en cavar bien adentro.*

— AGNES DENES, artista multimedia, 2024

(pág. opuesta) Simon Rodia · *Watts Towers* Italia/Estados Unidos 1921-1965 Las torres, símbolo de libertad, creatividad y poder para el cambio social y la justicia, son un ensamblaje de *folk art* construido por Simon Rodia en el barrio de Watts de Los Ángeles, en California.

Courtney Alexander *God Is* · Estados Unidos 2023 Inspirada en los bailes de máscaras de África central, la artista ritualiza el espíritu supremo del yo, creando un espacio para que el público haga ofrendas a la divinidad del amor propio. Las ofrendas que recibe Alexander se ofrendan a su vez a un río en un flujo circular de amor y generosidad.

Judy Chicago *Immolation IV* Estados Unidos · 1972 De la serie «Woman and Smoke», Faith Wilding representa el ritual de la antigua tradición india *sati*, en la que las viudas se inmolaban en las piras funerarias de su marido.

PARA LOS INQUIRIDORES

Apunte final sobre La Biblioteca de Esoterismo

La Biblioteca de Esoterismo analiza la historia visual de las ciencias ocultas a través de obras de arte que son fruto de la expresión de una gran diversidad de tradiciones y rituales. El propósito de esta serie es ofrecer una visión introductoria e inclusiva de estos antiguos rituales y explorar su complejo simbolismo desde un punto de vista objetivo más que dogmático.

Todo ello con la intención de quitar el velo y sacar a la luz la apreciación más profunda de estos valiosos recursos de la psique. El conocimiento esotérico ofrece poderosos métodos de autoconocimiento y meditación. Estas prácticas mágicas han evolucionado a lo largo de los siglos para poder comprender mejor nuestro mundo interior.

El objetivo de esta serie es presentar un compendio de estos antiguos sistemas y, a partir de ahí, alentar el descubrimiento de los rituales, las ceremonias y las filosofías sagradas de varias culturas de todo el mundo. Se trata de inspirar a los lectores para que indaguen en el conocimiento, para que estudien las enseñanzas de expertos del pasado y del presente que han dedicado sus vidas a dar forma y a preservar estas antiguas artes.

Esperamos que *La Biblioteca de Esoterismo* incentive a los lectores a emprender su propio viaje a través de los oscuros confines del ocultismo, a desempolvar los libros de las estanterías, a sacar las ajadas cartas de la bolsa y a extenderlas sobre un tapete de seda, a mirar al cielo y a descubrir el significado del movimiento de las estrellas.

Como afirma elocuentemente el escritor, profesor y documentalista Manly P. Hall en su obra maestra, *Las enseñanzas secretas de todos los tiempos*: «Vivir en el mundo sin percatarse del significado del mismo es como deambular por una gran biblioteca sin tocar sus libros». Más adelante, en este compendio indispensable y exhaustivo de las enseñanzas esotéricas del mundo, Hall asegura: «La única que conoce el camino es la filosofía trascendental. Solo la razón iluminada puede elevar la parte lúcida del hombre hacia la luz. Solo la filosofía puede enseñar al hombre a nacer bien, a vivir bien, a morir bien y, de forma perfecta, a volver a nacer. A este grupo de elegidos –los que han escogido la vida del conocimiento, de la virtud y de la utilidad–, los filósofos de todos los tiempos te invitan a entrar, lector».

(anterior) Lita Albuquerque Fotograma de *Liquid Light* · Estados Unidos 2018 En un fotograma de la película artística experimental, el director de fotografía David McFarland captura el icónico personaje de la astronauta de Albuquerque. En el filme, el personaje quiere reconectarnos con nuestros orígenes y conocimientos cósmicos, pero encuentra dificultades para transmitir los conceptos de paz y armonía a los habitantes de la tierra debido al estado actual de las relaciones internacionales.

Niki de Saint Phalle · *ELLA – Una catedral* Francia/Estados Unidos · 1966 Aquí fotografiada por Hans Hammarskiöld, la escultura gigante de un cuerpo femenino de la artista feminista Niki de Saint Phalle ocupó todo el espacio central del Moderna Museet de Estocolmo. El público podía entrar en su interior a través de la vagina de la escultura. Concebida para alterar la dinámica de poder y los roles y normas culturales y de género, la instalación cambió perspectivas y paradigmas.

BIBLIOGRAFÍA

—Albuquerque, Lita, Selma Holo, Roger F. Malina, David B. Walker, William L. Fox, Ann M. Wolfe, Jean de Pomereu y Brad Bartlett. *Lita Albuquerque: Stellar Axis*. Nueva York: Skira Rizzoli, 2014.

—Alvarez, Melissa. *Earth frequency: Sacred sites, Vortexes, Earth Chakras, and other transformational places*. Woodbury, Minesota: Llewellyn Publications, 2019.

—Arnold, Leigh A., Lita Albuquerque, Alice Aycock, Beverly Buchanan, Agnes Denes, Maren Hassinger, Nancy Holt, et al. *Groundswell: Women of land art*. Dallas, Texas: Nasher Sculpture Center, 2023.

—Blavatsky, H. P. *The land of the gods: The long-hidden story of visiting the masters of wisdom in Shambhala*. Nueva York: Radiant Books, 2022.

—Campbell, Joseph. *Reflexiones sobre la vida*. Buenos Aires: Emecé Ediciones, 1997.

—Campbell, Joseph y Nancy Allison. *The ecstasy of being: Mythology and dance*. Novato, California: New World Library, 2023.

—Gimbutas, Marija. *The language of the goddess: Unearthing the Hidden Symbols of Western Civilization*. San Francisco: Harper & Row, 1989.

—Gimbutas, Marija. *The Civilization of the Goddess*. San Francisco, HarperCollins Publishers, 1991.

—Gray, Martin. *Secret sacred sites*. Versalles: Jonglez publishing, 2023.

—Howard, M. J. *Unforgettable ancient sites: Mysterious sites, temple complexes, ancient architecture*. Nueva York: Chartwell Books, un sello editorial de The Quarto Group, 2018.

—Iyer, Pico. *A beginner's guide to japan: Observations and provocations*. Nueva York: Vintage Departures, 2020.

—Iyer, Pico. *Half known life: In search of paradise*. Nueva York: Riverhead Books, 2024.

—Jones, Wilson Mark. *Origins of classical architecture: Temples, orders and gifts to the gods in Ancient Greece*. New Haven: Yale University Press, 2014.

—Kahn, Lloyd y Bob Easton. *Shelter*. Bolinas, California: Shelter Publications, Inc., 2015.

—Myerson, Joel. *Transcendentalism: A reader*. Oxford: Oxford University Press, 2000.

—Pietsch, Bernard I. *Written in stone and space: The invisible language of ancient architecture*. Bookbaby, 2023.

—Saint Phalle, Niki de y Giulio Pietromarchi. *The tarot garden*. Salenstein: Benteli, 2017.

—Tiberghien, Gilles A. *Land art*. Londres: Art Data, 1995.

—Whitman, Walt y Malcolm Cowley. *The complete poetry and prose of Walt Whitman as prepared by him for the deathbed edition: Two volumes in one*. Garden City, Nueva York: Garden City Books, 1954.

CRÉDITOS

Reproducción con la autorización de Agnes Denes: *506*. akg-images: *22, 71, 84, 95, 127, 146, 153, 220, 278*; /Album/Oronoz: *197*; /André Held: *156*; /Carl-W.Röhrig: *98*; /Erich Lessing: *135, 172, 192, 320, 338, 455*; /Gerard Degeorge: *171*; /Gilles Mermet: *289*; /Guillermo Pérez Villalta © VG Bild-Kunst, Bonn 2025: *360*; /Henning Bock: *223*; /Heritage Images/Fine Art Images: *111*; /Heritage Images/Heritage Art: *113*; /Interfoto: *228*; /Israel Talby: *198*; /Jacques Torregano: *124*; /Jean-Louis Nou: *49*; /Mantovani: *139*; /Mel Longhurst: *337*; /Mondadori Portfolio/Giorgio Lotti Mario De Biasi, Sergio Del Grande: *238*; /Mondadori Portfolio/Luca Mozzati: *334*; /Patrick Cabrol/Centre de Préhistoire du Pech Merle: *29*; /Pictures From History: *291*; /Rabatti & Domingie: *188*; /Roland y Sabrina Michaud: *28, 97, 322*; /Science Source: *363*; /© Sotheby's: *288*; /Stefan Ziese: *199*; /Udo Hesse: *339*; /Yvan Travert: *198*. Alamy Stock Photo/agefotostock: *247*; /Antiqua Print Gallery: *302*; /ARTGEN: *322*; /Danita Delimont: *179*; /Entertainment Pictures/© Magnolia Pictures/Entertainment Pictures: *461*; /Fausto Marci: *118*; /Gabriel Cassan: *458*; /Hemis: *464*; /Heritage Image Partnership Ltd: *151*; /Homer Sykes: *75*; /John Bracegirdle: *333*; /Kat Davis: *463*; /Malgorzata Litkowska: *310*; /Marcelo Rodriguez: *265*; /Naeblys: *448*; /Panoramic Images: *508*; /Panther Media GmbH: *231*; /Patrick Batchelder: *249*; /Pavel Dudek: *458*; /Peter Barritt: *116*; /Rob Whitworth: *43*; /Ronald Zeytoonian: *330*; /Science History Images: *41*; /Tom Ridout: *452*; /Tomas del Amo: *323*; /uskarp: *300*; /Volgi archive: *88*; /World History Archive: *20*. Alfredo J. Martiz J.: *389*. Alice Aycock/foto: Silver Spring Township Police Department, Mechanicsburg, Pensilvania: *477*. Alphachanneling: *165*. Andrew Rogers: *502*. Foto de AndyWainwright.com: *394*. Vista de la instalación *Mysterious Inner Worlds* de Anila Quayyum Agha, University of New Mexico Art Museum/imagen de Stefan Jennings Batista, cortesía del University of New Mexico Art Museum, Albuquerque, Nuevo México, 2022: *491*. Arquitecto Jens Kauder, exalumno de Arcosanti, mayo de 2016 – Cosanti Foundation: *395*. Art Institute Chicago/adquisición realizada con fondos proporcionados por Robert C. Gluth en honor de Marilynn Alsdorf, Louise A. Lutz Fund, James and Marilynn Alsdorf Acquisition Fund y Frederick W. Gookin Memorial Fund: *263*. Art Resource, Nueva York: *349*; /The Art Institute of Chicago: 22; /foto cortesía de Judy Chicago: *471, 509*; /Digital Image © 2024 Museum Associates / LACMA: *107*; /© RMN-Grand Palais: *101, 239*; /Digital Image © CNAC/MNAM, Dist. RMN-Grand Palais: *420*. Auroville: *397*. Cortesía de Ballroom Marfa y San International, fotografía de Bill Diodato: *479*. Cortesía de la artista y Bortolami: *489 arriba*. Barry William Hale: *492*. Ben Edge: *110*. Bibliothèque nationale de France: *161*. BIG – Bjarke Ingels Group/fotógrafos: Laurian Ghinitoiu: *402*. Bildarchiv Preussischer Kulturbesitz, Berlín: *91*, cubierta posterior. Billedgalleri Bergen, fotografía de Geir S. Johannessen, AKG Berlin: *66*. Documentación de Karl Bissinger, University of Delaware Library, Museums and Press: *415*. Boston College Libraries: 2. Brendan Pattengale: *367*. Bret Agre: *63*. Brice Bischoff: *467*. Bridgeman Images: *10, 14, 25, 26, 30, 68, 87, 105, 123, 132, 134, 202, 210, 213, 254, 256, 275, 278, 308, 324, 327, 346, 348, 364, 377, 412, 426, 436, 452, 473*; /Accademia Italiana, Londres: *250*; /AGF: *419*; /© AISA: *214*; /Ancient Art and Architecture Collection Ltd.: *101*; /© Archives Charmet: *166*; /© Archivio J. Lange /© NPL – DeA Picture Library: *200*; /© Ben Buchanan. Todos los derechos reservados 2024: *409*; /Bildarchiv Steffens, Walter Allgoewer, Bildarchiv Steffens: *289*; /© Boltin Picture Library: *24, 216, 241*; /© Bonhams, Londres, Reino Unido: *271*; /British Library Archive: *27, 284, 295, 319, 374, 450*; /© Canadian Heritage Photography Foundation («CHPF»): *237*; /© CCI: *350*; /© Chinch

Gryniewicz. Todos los derechos reservados 2024: *217, 280*; /© Christie's Images /© Succession Picasso/VG Bild-Kunst, Bonn 2025: *173*; /© Christie's Images: *72, 81, 82, 96, 144, 244, 328, 347, 376, 434, 437, 488*; /© David Reed. Todos los derechos reservados 2024: *62*; /© Design Pics: *60, 444*; /Diltz: *372*; /Dinodia: *131, 161*; /Dorling Kindersley/UIG: *23, 34, 313*; /© Éric Lafforgue. Todos los derechos reservados 2024: *108*; /Farabola: *414, 418*; /foto © Fine Art Images: *407*; /Fototeca Gilardi: *204*; /© Frances Broomfield, Portal Gallery, Londres. Todos los derechos reservados 2024: *76*; /© Francine Blake. Todos los derechos reservados 2024: *47*; /© Historic England: *19*; /G. Dagli Orti /© NPL – DeA Picture Library: *15, 273*; /Ghigo Roli: *51*; /donación de Georg Kareski: *17*; /donación del señor Harold G. Henderson y señora: *438*; /Godong: *48, 191, 203, 290*; /Henri Stierlin, Bildarchiv Steffens: *46*; /© Iberfoto: *169, 227*; /© Imagebroker: *397*; /© Indianapolis Museum of Art, donación de Anne Marmon Greenleaf en recuerdo de Caroline M Fesler: *73*; /Insights/UIG: *127*; /© Jean Bernard. Todos los derechos reservados 2024: *83*; /© Laurie Lewis. Todos los derechos reservados 2024: *119*; /Liszt Collection: *441*; /© Look and Learn: *436*; /© Luca Tettoni: *243*; /© Manchester Art Gallery: *256*; /Mondadori Portfolio/Electa: *166*; /© Michael Graham-Stewart: *185*;/© Michel Sima: *415*; /© Minneapolis Institute of Art /+B193 donación de Ellen y Fred Wells: *285*; /© NASA/Novapix: *219*, cubierta anterior; /National Gallery of Victoria, Melbourne, presentado por Gustave Curcier: *351*; /© National Museums Liverpool: *39*; /National Trust Photographic Library: *357*; /© Natural History Museum, Londres: *433*; /© Nicholas Roerich Museum: *103, 186*; /© Novapix: *208*; /© NPL – DeA Picture Library /C. Sappa: *249*; /© NPL – DeA Picture Library: *46, 64*; /© NPL – DeA Picture Library/Publiaer Foto: *36*; /© NPL – DeA Picture Library/W. Buss: *209*; /Omniphoto/UIG: *230*; /© Pascal Lemaître. Todos los derechos reservados 2024: *304*; /Peter Langer/Design Pics/UIG: *242, 314*; /Peter Palladino/The Agnes Pelton Society: *466*; /© Peter Phipp/Travelshots: *262*; /© Peter Willi: *361*; /© foto de Christie's Images/The Art Library: *263*; /© foto de Josse: *342*; /Picture Alliance/DPA: *85*;/Pictures from History: *182*; /Pictures from History/David Henley: *38*; /REUTERS: *130*; /© Richard Haughton. Todos los derechos reservados 2024: *486*; /Sonia Halliday Photographs: *194*; /© Stefan Auth/ImageBroker: *286*; /© Stefano Baldini: *196*; /SuperStock: *184*; /© SZ Photo: *18*; /© The Courtauld: *73*; /The Irish Image Collection/Design Pics: *440*; /© The Lucian Freud Archive. Todos los derechos reservados 2024: *264*; /The Stapleton Collection: *96, 270*; /© Tony Vaccaro. Todos los derechos reservados 2024: *406*; /© Tristam Kenton. Todos los derechos reservados 2024: *120*; /Underwood Archives/UIG: *122*. © Patronato del British Museum: *171*. Bruno Nasatti: *476 abajo*. Burchfield Penney Art Center: *99*. Camera Press London (foto de Yousuf Karsh): *416*. Chapel of Sacred Mirrors: *395*. © 2024 Charles Ross/Artists Rights Society (ARS), Nueva York: *500*. Chris Holmes: *490*. Christopher Mark Perez: *340*. CiCi Suen: *257*. Courtney Alexander: *509*. DACS © Penny Slinger. Todos los derechos reservados, DACS/Artimage 2023: *92, 162*; /imagen cortesía de Richard Saltoun Gallery y Blum and Poe Gallery 2023: *141*. DACS © Richard Long. Todos los derechos reservados, foto: Richard Long: *477*. Daniel Martin Diaz: *41*. David Black: *174*. Isabelle and David Levy Collection: *181*. David McFarland: *510*. Deming King Harriman: *465*. Cortesía de la artista y Desert X: *463 abajo*. © Eames Office, LLC. Todos los derechos reservados: *394*. Elena Stonaker/foto de Jesse Hunniford/cortesía de MONA: *495*. Eyvin Earle Estate: *98*. Fabrice Monteiro/Institute: *468*. © Frazetta Girls. Todos los derechos reservados: *369*. Eric Schaal © Fundació Gala-Salvador Dalí, Figueres, 2023: *379*. Cortesía de Gagosian /Rachel Whiteread, *Ghost*, 1990, yeso y marco de acero, 269 x 355,5 x 317,5 cm © Rachel Whiteread, foto: Mike Bruce: *478*; /foto: Mike Bruce: *503*; /Michael Heizer, *City*, 1972 © Michael Heizer: *485*. Georg-August-Universität Göttingen Niedersächsische Staats-und Universitätsbibliothek Göttingen: *93*. Getty Images/Evans-Stringer: *404*; /Martin Puddy: *77*; /Tuul & Bruno Morandi: *306*; /Robert R. McElroy-donación: *390*; /foto de Echoes-Redferns: *401*; /Hervé Glouaguen-donación: *410*;

/David Montgomery-donación: *413*. Gianfranco Gorgoni © Maya Gorgoni, Public Art Production Fund, Nevada Museum of Art, Las Vegas: *490*. Luis Mario Daniel Goeritz Rodríguez/Fondo Mathias Goeritz CENIDIAP/INBAL: *484*. Cortesía de Hafez Gallery/foto de Hesham Al Saifi: *272*. © Hans Hammarskiöld Heritage: *513*. Harry Shunk: *462*. Hazel Florez: *183, 258*. Herefordshire Libraries: *9, 40*. Herzog August Bibliothek Wolfenbuettel: Cod. Guelf. 74.1 Aug. 2°, folio 25r: *45*. Fotografía de Michael P. Smith © The Historic New Orleans Collection, 2007.0103.3.30: *109*. © Holt/Smithson Foundation y Dia Art Foundation/ARS, Nueva York: *474, 498*. The Hopper Art Trust: *418*. John Lindquist Photograph. © Houghton Library, Harvard University: *122*. Imogen Cunningham Trust: *148*. Jason Taellious: *454*. Jeaneen Lund: *78*. Jeanne K. Simmons: *480*. Jerry de Wilde: *303, 336, 390*. Jim Denevan (artista)/Peter Hinson (fotógrafo): *501*. Joyce Lee: *164*. Kathryn Garcia: *494*. Kenro Izu: *293*. Nicholas Kahn & Richard Selesnick: *112*. Foto de Lance Gerber: *463, 496*. Lauren Bon y Metabolic Studio. Foto de David Baine: *485*. © Lauren Halsey. Cortesía de la artista; David Kordansky Gallery, Los Ángeles/Nueva York. Foto de Hyla Skopitz, cortesía del Metropolitan Museum of Art, Nueva York: *55*. Lawrence Schiller: *400*. © Leslie Williamson: *383*. Library of Congress: *283*; /Prints and Photographs Division Washington, D. C. 20540: *44*. Lisson Gallery/Photo-souvenir: Daniel Buren, *Catch as Catch Can, work in situ*, Baltic Center for Contemporary Art, Gateshead, 2014. Détail © Daniel Buren: *457*. Lita Albuquerque, cortesía de la artista/fotograma de Hesham Alsaifi y Nicole McDonald: *7*; /foto de Lance Gerber: *59*; /foto de Michael Lights: *137*. Liza Lou/Collection Whitney Museum of American Art, Nueva York: *482*. Los Angeles Public Library, accesible gracias a una subvención de la John Randolph Haynes and Dora Haynes Foundation: *433*. Louvre Abu Dabi + Giuseppe Penone Studio © Departamento de Cultura y Turismo – Abu Dabi/foto de Roland Halbe: *453*. Lucien Shapiro: *470*. Lyn Winter: *463, 496, 591*. Magda Wosinska: *177*. Magnum Photos/Herbert List: *157*. Foto © MAK / MAK – Museum of Applied Arts, Viena: *353*. Manzel Bowman: *276*. Marcella Blood Estate: *115*. Maria Austria Institute + Caption Gallery: *248*. Maria Filopoulou: *84*. Marina Abramovi , cortesía de Mark di Suvero y Spacetime C.C./foto de Steven Probert: *481*. Mary Evans Picture Library © Ashmolean Museum: *255*. © Massimo Listri: *446*. Massimo Scolari: *349*. Matthias Dengler: *391*. Maximilien Bruggmann: *224, 232*. © Maya Lin Studio: *504*. Lawren S. Harris (1885-1970), *Mount Robson*, h. 1929, óleo sobre lienzo, 128,3 x 152,4 cm, adquisición de 1979, McMichael Canadian Art Collection 1979.20 © Familia de Lawren S. Harris: *92*. Md. Ahsanul Haque Nayem: *37*. Meagan Boyd: *142*. Michael Carter: *176*. Michael Whelan: *362*. Michal Klajban: *172*. Michael T. Bies: *233*. © Mœbius Production – Jean Giraud Mœbius: *352*. Mohammad Reza Domiri Ganji: *35, 299*. Cortesía de Monica Sjöö Estate y Alison Jacques, Londres © Monica Sjöö Estate, foto: Krister Hägglund: *152*. Munson-Williams-Proctor Institute of Art: *99*. Musée Picasso, París: *170*. Museum of Performance + Design/Anna Halprin Collection: *126*. Myriam Wares: *13*. Nadia Waheed: *42*. Colección del Nationaal Museum van Wereldculturen (Museum Volkenkunde, Leiden): *135*. The National Gallery, Londres, Picture Library: *88, 445*. KB National Library of the Netherlands, La Haya: *180*. National Library of Wales: *193*. New York Public Library: *89*. Nicolas Peña: *21*. Nicole Geri: *307*. Cortesía de Pace Gallery: *476 arriba, 504*. Paula Duró: *472 abajo*. Pedro Szekely: *16*. Peter Granser, para laif, de su libro *El Alto*, de Edition Taube: *385*. Philosophical Research Society: *311, 428*. Photofest/HBO: *356*; /Warner Bros.: *356, 363*. © Pierre et Gilles: *Mercure, Enzo junior*, 2001: *178*. Posteritati: *266*. Cortesía de Public Art Fund, NY/cortesía de Ai Weiwei Studio/ Frahm & Frahm /foto: Liz Ligon: *487*. Redux Pictures: *380*. Rijksmuseum: *301*. © IMEC, Fonds MCC, Dist. RMN-Grand Palais/Gisèle Freund: *417*. Cortesía del artista y Roberts Projects, Los Ángeles, California. Foto: Alan Shaffer: *472 abajo*. Royal Collection Trust/© His Majesty King Charles III 2023: *261*. Cortesía de Rule Gallery, Drop City Archive: *399*. Sander Berg: *312*. Scala, Florencia/Adagp Images, París: *154*; /Christie's Images, Londres: *104*; /foto de Austrian Archives: *148*. Shutterstock/Dmitri Kessel/The LIFE Picture

Collection: *296*; /Yale Joel/The LIFE Picture Collection: *382*. © The Dome del Sir John Soane's Museum, Londres. Foto de Gareth Gardner: *423*. South Asian Art Gallery: *136*. © Archive Szukalski: *56, 358*. The State Hermitage Museum, San Petersburgo, foto de Vladimir Terebenin: *128*. Foto de Stefano Perego: *494*. Stephanie Law: *355*. © The Steven Arnold Museum and Archives: *408*. Stephen Romano Gallery, Brooklyn, Nueva York: *119*. © Storm King Art Center, Maya Lin, *Storm King Wavefield*, 2007-2008, donación de la Ralph E. Ogden Foundation, Janet Inskeep Benton, The Philip and Muriel Berman Foundation, The Brown Foundation Inc. de Houston, Texas, el embajador W. L. Lyons Brown Jr. y señora, Callahan and Nannini Quarry Products, Charina Endowment Fund, The Donohue Family Foundation, Edmund G. Glass, la Hazen Polsky Fund, Paul y Barbara Jenkel, la Kautz Family Foundation, la Lipman Family Foundation, Martin Z. Margulies, Margaret T. Morris Foundation, Roy R. and Marie S. Neuberger Foundation, Inc., Peckham Family Foundation, Jeannette y David Redden, doctores en medicina Gabrielle H. Reem y Herbert J. Kayden, The Richard Salomon Family Foundation, Inc., Sara Lee y Alex H. Schupf, Anne y Constantine Sidamon-Eristoff, y señor Thomas W. Smith y señora, © Maya Lin Studio, cortesía de Pace Gallery, fotografía de Jerry L. Thompson Storm King Art Center, Mountainville, Nueva York: *504*; /Zhang Huan, *Three Legged Buddha*, 2007, donación de Zhang Huan y Pace Gallery © Zhang Huan Studio, cortesía de Pace Gallery, fotografía de Jerry L. Thompson, Storm King Art Center, Mountainville, Nueva York: *476*. Sunburst y Photo Mehosh Dzadzio: *396*; TASCHEN: *234, 272, 279, 348, 371, 424, 430, 432, 442*; © Disney: *354, 361 abajo, 368 arriba, 368 abajo*; The Met/Rogers Fund, 1921: *61, 269*; /Rogers Fund, 1912: *205*; /donación de John D. Rockefeller Jr., 1937: *253*; /adquisición, 2005 fondo de beneficios, y donaciones de Anna-Maria and Stephen Kellen Foundation y Eugene V. Thaw, 2007: *316*; /adquisición, donación de Mary and James G. Wallach Foundation, 2023: *375*. The Morgan Library & Museum/adquisición como donación de la señora Vincent Astor: *206*. Imagen cortesía de Tippet Rise Art Center. Foto de James Florio: *503*. Todd Weaver: *83, 105*. © Tomás Sánchez: *67*. Tuco Amalfi: *366*. UCLA Library Special Collections: *122*. Cortesía del artista © Ugo Rondinone: *490*. Unarius Academy of Science: *384*. US Army Corps of Engineers: *33*. © VG Bild-Kunst, Bonn 2025: *92, 98, 107, 141, 154, 156, 158, 162, 179, 304, 347, 360, 379, 409, 419, 471, 503, 509*; /© Comité Cocteau, París: *415*; /© DB: *457*; /© The Easton Foundation: *476*; /© Herederos de Dan Flavin: *488*; /© Georgia O'Keeffe Museum: *73*; /© Holt/Smithson Foundation: *474*; /© Cortesía de Marina Abramović Archives: *145*; /© Niki Charitable Art Foundation: *181, 513*; /© Salvador Dalí, Fundació Gala-Salvador Dalí: *170, 361*; /© Successió Miró: *116*; /© Succession Picasso: *101, 173*. Vic Oh: *149*. © Villa della Torre, Fumane (Verona) Ph. Martino Lombezzi: *403*. Virgo Paraiso: *167*. Walter De Maria, *The Lightning Field*, 1977. Instalación de larga duración, oeste de Nuevo México. © Herederos de Walter De Maria. Foto: John Cliett. Cortesía de la Dia Art Foundation: *501*. Wayfarers Chapel: *311*. © Weinstein Gallery: *158*. Wellcome Collection: *197*. © Yann Arthus-Bertrand: *392*. © Zaha Hadid Foundation: *353*. © Zhang Huan Studio: *144*.

Alentamos a quienes deseen seguir explorando la historia, el arte y la arquitectura de los espacios sagrados a apoyar el trabajo de todos los entrevistados y artistas maravillosos incluidos en este volumen. A continuación, recogemos una breve lista de las personas e instituciones que ofrecen información valiosa a través de medios digitales o impresos.

PERSONAS

Lita Albuquerque, Agnes Denes, Fairfax Dorn, Sarah Drew, Isis Indriya, Virginia Lebermann y Santosh Khalsa

SITIOS WEB/PÓDCASTS/MEDIOS

Conscious Cities, Cultivating Place, Double Blind, Weird Walk, Shelter Publications y Whole Earth Catalogue

INSTITUCIONES

Arcosanti, Ballroom Marfa, Beinecke Rare Book and Manuscript Library, The British Library, The British Museum, Dublab, Esalen Institute, Creative Folkestone/Prospect Cottage, CoSM/Chapel of Sacred Mirrors, Fascinated by Everything, The Getty Research Institute, The Henry Miller Library, The Huntington Library, Art Museum and Gardens, The Krotona Institute of Theosophy, The Met, The Morgan Library, Namuna, NASA, The Opus Archives, Academy of Oracle Arts, Pacifica Institute, The Philosophical Research Society, Palma Colectiva y *Jardín del Tarot*, Toscana

Gracias a los artistas, escritores, editores y expertos que han tenido la amabilidad de compartir sus conocimientos y su pasión con nosotros, así como a la generosa participación de tantísimas voces únicas por transmitirnos su sabiduría mediante reveladoras entrevistas. Gracias a Lita Albuquerque por su generosidad y sabiduría.

Un agradecimiento infinito a todas las personas que nos han ofrecido ayuda, contactos y apoyo durante la ejecución de este proyecto, incluidos Kelly Carmena, de la Philosophical Research Society; Devon Deimler, de los Opus Archives; Mark McNeill; Veronica Tsai, y Emily Utne.

Y, finalmente, este libro no existiría sin el talento y la dedicación de Nic y J. B. Taylor y Lisa Doran, ni tampoco sin la sabiduría y el apoyo de Kathrin Murr, Marion Boschka, David Kenzler, Mahros Allamezade, Andy Disl y Benedikt Taschen.

— JESSICA HUNDLEY,
LA EDITORA DE LA SERIE
La Biblioteca de Esoterismo, 2024

PIE DE IMPRENTA

Edición de Jessica Hundley, 2024

Textos de Jessica Hundley
Pies de foto de Michelle Mae

Diseño: Thunderwing
Documentación y autorizaciones: Lisa Doran
Traducción: Carme Franch Ribes para Delivering iBooks & Design

ISBN 978-3-7544-0174-3
Printed in Bosnia-Herzegovina

CADA LIBRO DE TASCHEN SIEMBRA UNA SEMILLA
TASCHEN es una editorial neutra en emisiones de carbono. Cada año compensamos nuestras emisiones de carbono con créditos de carbono del Instituto Terra, un programa de reforestación de Minas Gerais (Brasil) fundado por Lélia y Sebastião Salgado. Para saber más sobre esta colaboración para la protección del medio ambiente, consultetaschen.com/zerocarbon
Inspiración: infinita.
Huella de carbono: cero.

¿Quiere ver más? Visite taschen.com para consultar nuestro actual catálogo, hojear el último número de nuestra revista o suscribirse a nuestra newsletter.

Hohenzollernring 53, D-50672 Köln
taschen.com

(cubierta anterior)
Nave espacial Apolo 8 · Tierra y Luna: la salida de la Tierra vista desde el espacio · 1968

(cubierta posterior)
Caspar David Friedrich · *El caminante sobre el mar de nubes* · Alemania · 1818